官民連携による交通インフラ改革

PFI・PPPで拡がる新たなビジネス領域

著 石田哲也
　野村宗訓

同文舘出版

はしがき

　通勤・通学の他，買い物など日常生活のなかで，道路を使わない日はない。しかし，誰がどのような財源から工事をしたのかを考える人は，ほとんどいない。観光やビジネスで使われる空港についても，同様であろう。いつ空港が開設されたのかは記憶に残っていたとしても，運営主体が国であるのか，地方自治体であるのかなど，利用者には関心がない。道路に関しては，渋滞することなくバスやマイカー，自転車が走行できれば十分なのである。あるいは歩行者として，迂回することなく目的地に到達すれば問題はない。空港については，多くの利用者は予約した飛行機が定時に離陸してくれるものと信じている。

　道路や空港という交通インフラは，すべての人にとって不可欠の施設であるので，一般に「公共財」として整備されてきた。したがって，普段はいつでも，支障なく利用できて当たり前と考えられがちである。しかし実際には，利用者が多い地域では混雑現象からスムーズな利用が妨げられることになる。混雑解消のためには，設備を増強する必要性が出てくるが，当然，コスト負担が生じる。逆に，利用者が少ない場合には，公的資金の投入が疑問視され，サービス提供を停止することも視野に入れられる。

　わが国では，少子高齢化が進行するだけでなく，地域間の経済格差も広がるなかで，いかに交通インフラの充実を図るのかは重要な政策課題となっている。1990年代の航空自由化に象徴されるように，交通セクターでは規制緩和が一貫して追求されてきた。その後，2010年春に公表された『国土交通省成長戦略』のなかで，「民間の知恵と資金」が活用されるべき点が明示されたことは特筆に値する。空港を含む航空分野に加え，観光分野も対象としてあげられた。具体的には，アジア圏からの訪日外国人観光客を増加させることが，経済活性化策として重視されている。観光需要を開拓することによって，鉄道やバス・タクシーなどの交通機関，ホテル・旅館などの宿泊施設，飲食店・ショップなど

への派生的な経済効果が期待できる。

　リーマンショックによる経済不況の後，東日本大震災が起こり，将来予測が難しい状況が続いている。原子力発電所の停止に伴い，わが国のエネルギー価格は上昇しているため，電力多消費型産業は厳しい局面に立たされているのも事実である。したがって，成長戦略で提案された航空，観光，海洋，住宅・都市開発，国際展開・官民連携分野を中心に，経済成長を支えていくことが現実的であろう。幸いにも，2020年の東京オリンピック開催が決定した。交通インフラの整備は，首都圏を中心に実行されるので，民間投資が継続できる環境は整っている。

　本書では，海外の空港運営の事例に着目しながら，政府・地方自治体と民間企業による連携，すなわちPPP・PFIによって，どのような交通インフラの整備が適切であるのかを解明していく。特に，資金調達の側面に焦点をあてるが，付随的に，都市開発や観光政策にも言及する。まず，インフラビジネスの成長力という観点から，官民連携の効果や問題点を明確にする。次に，民力を活かしている交通インフラの実態について考察する。最後に，「グローカル・マインド」の実践に向けた動向を確認する。

　本書は，インフラファンドやJ-REITなどの新たな切り口で現実のインフラ事業の改革に関わってきた金融・投資の実務家と，エネルギー業界を中心とした規制産業の自由化とともに，航空・空港ビジネスのグローバル化や経営戦略をウォッチし続けてきた研究者という異なる立場の二人による共同作業から生まれたものである。主たる内容として，他国の先進的な事例の実態把握や政策評価と，国内における昨今のインフラ改革の動向分析を含んでいる。本書の目的は，単に海外のインフラ事業における代表的事例を紹介することではなく，わが国のインフラが将来においても維持できるようにするための政策指針を提示することである。

　過去に蓄積されてきた歴史や固有の文化は，それぞれの国や地域で異なるだけではなく，他国の置かれた状況と，現在のわが国の直面している環境には大きな違いがある。したがって，海外における制度設計の手法を「定石」として

持ち込んで，そのまま適用したところで，期待される結果をそのまま得られることはないだろう。外国の事例や分析を通して，どうして交通インフラの改革が必要とされ，関係者がどのような改革を推進したのかというプロセスに焦点をあてることで，わが国の進むべき方向性を具体的に探ることができるというのが我々のメッセージである。

　執筆の分担については，以下の通りである。野村による担当箇所は，第1章，第2章，第5章，第6章，第8章，第9章。石田による担当箇所は，第3章，第4章，第7章，第10章，第11章。結びについては，二人の共著である。なお，それらは所属する組織の見解ではないことを断っておきたい。野村の研究は，関西学院大学産業研究所における共同研究プロジェクトの資金に基づき進められたものを含んでいる。執筆に至るまでに学会や研究会活動を通して，意見交換をさせていただいた多くの皆様に感謝の意を表したい。また，同文舘出版の市川良之氏には構想から出版に至るまで，多大なご尽力をいただいた。ここに厚く御礼を申し上げる。

2014年6月

石田哲也・野村宗訓

目　次

はしがき …………………………………………………………………… (1)

第Ⅰ部　インフラビジネスの成長力

第1章　民間の知恵と資金の活用 ── 3
1.1　規制緩和・民営化の政策潮流 …………………………………… 3
1.2　多様な手法を含む官民連携 ……………………………………… 6
1.3　成長戦略に基づく民間支援 ……………………………………… 9
1.4　公共施設整備のためのPFI活用 ………………………………… 13

第2章　運営権譲渡「コンセッション」── 17
2.1　なぜ，コンセッションなのか …………………………………… 17
2.2　フランス・ヴィンシー社の成長 ………………………………… 19
2.3　ドイツ・ホッホティーフ社の撤退 ……………………………… 24
2.4　英国・アベルティス社とルートン空港 ………………………… 29

第3章　資金調達の多様化と持続可能性 ── 36
3.1　インフラ事業と資金調達 ………………………………………… 36
3.2　交通インフラへの民間資金活用の試み ………………………… 41

3.3 インフラファイナンスの多様化……………………………………46
3.4 インフラ事業証券化とJ-REIT………………………………………47
 (1) インフラ事業証券化 47
 (2) J-REIT 50

第4章 インフラファンド活用への期待 ── 54

4.1 インフラファンドとは………………………………………………54
4.2 インフラファンドの仕組み…………………………………………56
4.3 代表的インフラファンド事例………………………………………60
 (1) 上場インフラファンド 61
 (2) 非上場インフラファンド 65
4.4 進化するインフラ投資………………………………………………68

第Ⅱ部 民力を活かす交通インフラ

第5章 LCC参入に沸く航空 ── 77

5.1 LCCのビジネスモデル………………………………………………77
5.2 欧州で躍進したLCC…………………………………………………79
5.3 わが国の第1期LCCブーム…………………………………………85
5.4 第2期LCCブーム後の針路…………………………………………87

第6章 民営化で変わる空港 ── 92

6.1 英国の複数一括運営…………………………………………………92

 6.2 BAA 分割と業界再編 …………………………………………… 95
 6.3 自治体主導による買収劇 ……………………………………… 98
 6.4 一括運営と空港整備の推進 …………………………………… 101

第 7 章 都市力を高める道路 ——————————— 106

 7.1 都市主導の日本再興 …………………………………………… 106
 7.2 需要コントロールによる都市交通の健全化 ………………… 108
 7.3 人と共生する都市の道路交通 ………………………………… 111
 7.4 都市交通機関で高める都市の魅力 …………………………… 115
  （1） バス交通 115
  （2） タクシー 117
  （3） 河川交通 119

第Ⅲ部 グローカル・マインドの実践へ

第 8 章 欧米の空港経営から学ぶ ——————————— 123

 8.1 冷戦終結と軍用空港の活用 …………………………………… 123
 8.2 北欧における PPP の展開 …………………………………… 127
  （1） セカンダリー空港の整備 127
  （2） 基幹空港の戦略的改革 135
 8.3 国境を越えた空港共同運営 …………………………………… 141
  （1） フランス ADP とオランダ・スキポールグループ 141
  （2） スイス・バーゼル空港＝フランス・ミュールーズ空港 143
 8.4 わが国へのインプリケーション ……………………………… 145
  （1） 株式会社化の推進と需要創出 145

(2)　地域振興と社会貢献の役割　146
　　(3)　他国企業の関与による成長　147

第9章　求められる関西の空港改革　149

9.1　関空と伊丹の経営統合　149
9.2　コンセッションの実現可能性　151
9.3　都市人口から見た空港規模　157
9.4　関西6空港の具体的活用方法　160

第10章　観光先進国への道　165

10.1　観光と交通インフラ　165
10.2　官民挙げた「OMOTENASHI」で魅せたい日本の観光　168
10.3　日本ブランド・プロモーション　171
10.4　持続的な観光戦略実施体制　174

第11章　成長戦略の鍵＝三位一体　181

11.1　コンセッションと三位一体　181
11.2　市場創造を促すための政府の役割の高度化　184
　　(1)　自治体の案件開発のためのインセンティブを高める仕組み　185
　　(2)　案件推進のための技術支援組織　188
11.3　民間の知恵と資金を引き出す政府による環境整備　190
　　(1)　エンジニアリング・レポート　192
　　(2)　インフォメーション・メモランダム　193
11.4　政府によるリスク補完のあり方　197

(1)　自然災害リスク　199
　(2)　需要リスク　201

結　び ———————————————————— 205
—鍵となるエキスパート育成—

参考文献 ———————————————————— 211

# 第Ⅰ部

インフラビジネスの成長力

第1章 民間の知恵と資金の活用
第2章 運営権譲渡「コンセッション」
第3章 資金調達の多様化と持続可能性
第4章 インフラファンド活用への期待

第1章　民間の知恵と資金の活用

1.1　規制緩和・民営化の政策潮流

　1980年代に米国レーガン政権と英国サッチャー政権はともに，市場メカニズムを信奉する政策運営を行ったことで知られている。米国では，ネットワーク産業に競争を導入する規制緩和を航空や通信の分野で実施し，世界的に注目を集めた。英国では，過去に鉄鋼，自動車，航空機製造のような基幹産業を国有化した経緯があったので，それらをすべて民間企業へと転換させた。さらに，通信，ガス，電力，水道，鉄道，航空，空港，郵便などの公益事業についても，株式売却などを通して民営化が集中的に実施された。その代表的な事例の動向については，次頁の表 1-1 の通りである。

　製造業の民営化は，国有化から本来のあるべき姿に戻すという意味で理解しやすいが，公益事業の規制緩和・民営化は壮大な社会実験であり，その成果が料金動向やサービス品質の面でどのような効果があるのかという点で関心を呼んだ。米英両国で，市場指向的な政策がブームとなり，先進国のみならずインフラ整備を急務とする途上国にも大きな影響をもたらすことになった。このように政府支出の肥大化と非効率な規制産業の維持から脱却し，民間企業が主体となって公的サービスの提供が模索されるべきであるという考え方が，現実の政策運営に取り込まれていった。

　電線やパイプライン，線路などのネットワークに基づいてサービスを供給する公益事業は，伝統的な経済学において「市場の失敗」や「自然独占」という用語で解説され，参入・退出と料金設定について政府による規制が課され，例外的な扱いを受けてきた。公益事業で複数企業が競争を展開すると，物理的に

表1-1　英国の株式売却による主要な民営化事例（1980～90年代）

年	対象企業	業種	売却比率（%）
1981	ブリティッシュ・エアロスペース	航空宇宙機器	51.6
	ケーブル・アンド・ワイヤレス	国際通信	50.0
1982	ブリトイル	石油	51.0
1983	ケーブル・アンド・ワイヤレス	国際通信	27.0
1984	ブリティッシュ・テレコム	通信	50.2
1985	ケーブル・アンド・ワイヤレス	国際通信	23.0
	ブリティッシュ・エアロスペース	航空宇宙機器	48.4
	ブリトイル	石油	49.0
1986	ブリティッシュ・ガス	ガス	97.0
1987	ブリティッシュ・エアウェイズ	航空	100.0
	ロールス・ロイス	航空機エンジン	100.0
	BAA	空港	100.0
1988	ブリティッシュ・スティール	鉄鋼	100.0
1989	水道10社	上下水道	100.0
1990	イングランド・ウェールズ配電12社	配電	100.0
1991	イングランド・ウェールズ発電2社	火力発電	100.0
	スコットランド電力2社	電力	100.0
1996	ブリティッシュ・エナジー	原子力発電	100.0
	レールトラック	鉄道	100.0

ネットワークの重複投資問題が生じてしまうので，国有企業がサービスを提供するか，政府規制によって特定企業に独占的な供給を認める措置がとられてきた。これは一般に，製造業やサービス業における民間企業が，個別の市場で競争原理に基づいて行動する原則とは異なっている。

　そのような人為的な独占の保護から生じる経営の非効率性や恒常的な公的資金の浪費が問題視され，規制緩和・民営化への政策転換が定着したのが1980年代である。もちろん，業種によっては光ファイバーや無線などの技術革新，

あるいはリース契約に基づく機器設備の利用と参入コストの低下など，業界構造の変化によって競争を導入できる環境が整ったという事情も影響している。水道や鉄道のように，参入者にとって収益性の面で不確実性が伴う分野もあるが，通信や電力のように業界外からベンチャー企業や複数企業のジョイント・ベンチャーによる新規参入が増加し，マクロ経済が活性化した事例もある。

　わが国では，中曽根政権のもとで電電，国鉄，専売の3公社が民営化された後，日本航空，沖縄電力，電源開発などの特殊会社の株式が売却される政策が遂行された。さらに，小泉政権下では，高速道路公団をはじめ特殊法人改革や郵政改革も進められた。電力とガスについては，もともと民間企業でスタートしたために，株式売却の必要性はなかったが，1990年代から規制緩和をいかに進めるかについての議論が高まってきた。

　規制緩和と民営化の適用された範囲や政策運用のスピードは国によって異なるが，わが国では政策決定プロセスにおいて，様々なステークホルダーの意向が反映されて，漸次的な改革を選択する傾向が強い。英国のサッチャー政権が競争原理を追求して，断続的に規制緩和と民営化を推し進めたのとは対照的である。それ故，規制産業の改革を国際比較の点から眺めると大幅な遅れが生じている。

　例えば，電力自由化を象徴する「発送電分離」が英国で採用されたのは1990年であるが，わが国では2013年に電力システム改革の中で提案されたものの，導入されるのは2018年以降の予定である。空港民営化についても，英国では「1986年空港法」の制定以降，一貫して継続しているが，わが国ではようやく民営化の方向性が認められた段階で，政策運営のスピードに大きなギャップが存在する。公益事業への競争導入については社会実験の側面があるので，急激な改革はなじまないのも確かであるが，政府規制の弊害や公的資金の浪費を見直すことは急務となっている。

1.2 多様な手法を含む官民連携

ネットワークを通してサービスを提供するインフラ産業に民営化を適用すると,効率的な経営が実現できると理解されている。しばしば民営化＝株式売却と解釈されるが,実は株式売却以外の措置も含まれる。大型のインフラ開発を進める時に,財源確保が難しいために制約条件となるが,近年はPFI (private finance initiative) やPPP (public and private partnership), PPI (private participation in infrastructure) という官民連携の考え方により,政府と民間企業が協力する手法が一般的になっている。

インフラ設備に基づき公的サービスを供給する時に,従来は政府が資金を準備し,建設から運営まで責任を負っていた。しかし,政府が必ずしもすべての工程を担うのではなく,運営に関して民間の選定事業者（SPC）が参画することにより,効率性を改善することが可能になると考えられる。図1-1と図1-2から,公共施設などの建設・維持管理・運営を民間の資金で行うPFIと,PFI契約のイメージが理解できる。PFIには政府が事業者に対価支払いを通じてサービスを購入するタイプと,事業者が利用者から対価を受け取る独立採算のタイプがある。これらは図1-3（8頁）に示される通りであるが,その両方を組み合わせたタイプが採用されることもある。

官民連携の手法は資産の所有権などの観点から,表1-2（8頁）に示されるように整理・分類することができる。例えば,サービス契約やマネジメント契約という株式売却とは異なる簡単な手法で,民間企業に公的サービスの提供を任せる方法も利用できる。地方自治体が運営するゴミ収集やケータリングなどの分野では,アウトソーシングに相当する民間委託により効率的な業務が追求されている。また,海外では水道,列車運行,空港,高速道路,橋梁の運営を民間企業に期限付きで認めるリース（アフェルマージュ）やコンセッションのような手法も見られる。

株式売却のように完全に民間企業に譲渡するのではなく,契約期間を区切った上で,民間企業の活力をインフラ・ビジネスに利用することも可能である。

第1章 民間の知恵と資金の活用　7

図1-1　従来の公共事業とPFIの比較

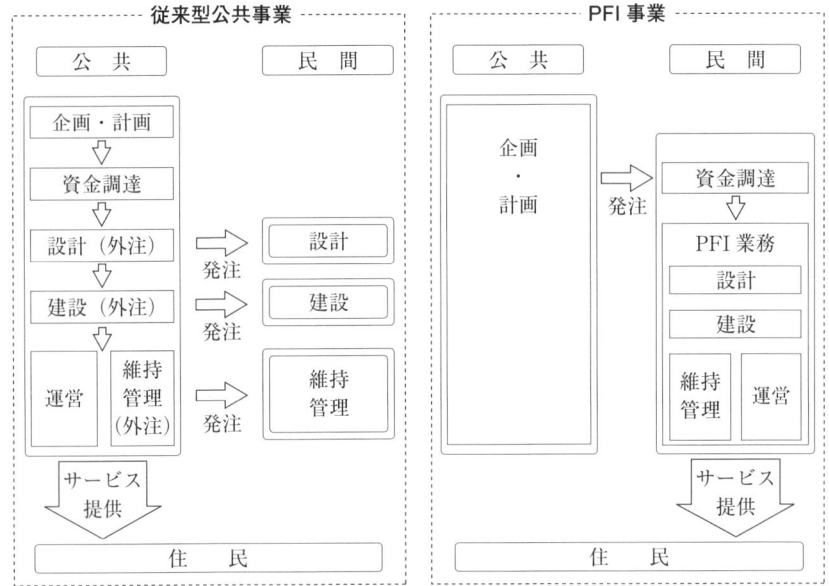

（出所）　内閣府民間資金等活用事業推進室［2011］。

図1-2　PFI契約のイメージ

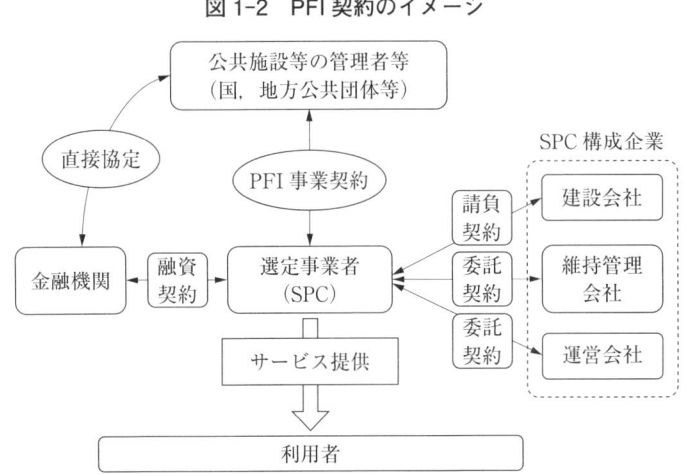

（出所）　内閣府民間資金等活用事業推進室［2011］。

図1-3 サービス購入型と独立採算型

●サービス購入型
選定事業者のコストが公共部門から支払われるサービス購入料により全額回収される類型

●独立採算型
選定事業者のコストが利用料金収入等の受益者からの支払いにより回収される類型

（出所）　内閣府民間資金等活用事業推進室［2011］。

表1-2 官民連携の手法と特徴

分類	資産所有権	運営・維持	資本投資	営業リスク	契約期間
サービス契約	公的組織	公/民	公的組織	公的組織	1～2年
マネジメント契約	公的組織	民間企業	公的組織	公的組織	3～5年
リース（アフェルマージュ）	公的組織	民間企業	公的組織	公/民	8～15年
BOT（Build, Operate and Transfer）	民間企業	民間企業	民間企業	民間企業	20～30年
コンセッション	公的組織	民間企業	民間企業	民間企業	25～30年
民営化（株式売却）	民間企業	民間企業	民間企業	民間企業	期限なし

（出所）　International Development Research Centreの資料に基づき筆者作成。

リースについては，民間企業の不確実性を払拭する観点から契約期間を8～15年，コンセッションについては，設備投資を行うインセンティブを与えるために，25～30年に設定されることが多い。リースの場合には，投資責任は政府にあり，コンセッションの場合は，民間企業にある。

PFI・PPPは従来，公的主体が供給してきた市場を民間企業に開放するという点では，評価されている。しかし現実には，過去に多大な負債を抱えてしま

った国有企業や，将来性の期待できない公的企業の株式売却が難しいために，PFI・PPP が利用されている面もある。つまり，リースやコンセッションが，民営化を実現する上での窮余の策になり得るという考え方である。

　政府が規制産業への参入を自由化し，民間企業に市場を開放することは望ましい。しかし，財政負担の軽減を意図して，一時凌ぎで民営化を利用すると，事後的に供給設備の不足や事業者の撤退というリスクに直面する。注意すべきことは，大規模なインフラ産業で PFI・PPP を含んだ広義の民営化を実施した後に，公的サービスが長期的に安定供給できるのかという点である。選定事業者が契約した一定期間に，計画通りの利益をあげることはできるだろう。その契約が単なるクリームスキミングに終わるのではなく，永続的なサービス供給に貢献できるように条件を設定する必要がある。民営化によって民間企業の活躍する市場が拡張されるが，サービスが安定的に供給されるための公的なガバナンス体制が不可欠である。

　公的ガバナンスを維持する手法は，PFI・PPP の契約条件にかかっていると言っても過言ではない。また，民営化を進める過程で，対象企業を株式会社化したとしても，株式を売却しない選択肢もあり得る。これは特殊会社として区分されるが，全株式または過半数の株式を政府が保有することにより，ガバナンス体制を維持できるメリットがある。投資家に魅力のある企業であれば，株式市場を通した公開売却（public offer）が可能であるが，インフラ産業に関しては完全な民間企業への移行は，公的サービスの安定供給の観点から適切なのかという疑問も残る。

1.3　成長戦略に基づく民間支援

　人口減少・少子高齢化に直面しているわが国は，長期的な視点からインフラ建設と維持管理をいかに進めていくのかが大きな課題となっている。2010 年 4 月に，国土交通省成長戦略会議は重点項目を発表し，個別業種に関して民間企業を活用することを明記した。翌 5 月に報告書『国土交通省成長戦略』が公表

され，詳細な論点が提示され，その冒頭部の総論において，以下のように成長戦略の必要性と政策の方向性が論じられている（下線は筆者加筆）。

Ⅰ　チャンスを活かし，日本の成長を作る。
　1.　今，まさに成長戦略が必要
　　▶これまでも経済戦略，経済対策は幾度となく検討・提言されてきたが，日本の成長に向けた長期的なビジョンが共有され，実現されてきたとは言い難い。しかしながら，そもそも，人口減少・少子高齢化社会の中で国民が将来の憂いなく安心した生活を送るためには，日本経済の成長は必要不可欠であり，攻めの姿勢と強い意志をもった実現性のある成長戦略を構築しなければならない。
　　▶先進諸国が経済危機からの回復にもたつく中，中国・インドをはじめとするアジア諸国は高成長を続けている。わが国もこれをまたとないチャンスと捉え，アジアの成長を積極的に取り込めるような基盤づくりを，政策として行っていく必要がある。このアジアの成長を取り込もうとしているのはわが国だけではないことは言うまでもなく，すでにいくつもの国が国家戦略として総力をあげた取り組みを開始している。したがって，わが国も一刻も早く政官民が一丸となって協力していく体制を構築し，日本の成長につながるような取り組みを行っていかなければならない。

Ⅱ　成長メカニズムの大胆な転換にむけて
　1.　国土交通省の成長分野
　　▶今までの国土交通省所管産業の多くは，公共投資への依存度が高く，様々な規制に守られた内向きな産業構造であった。しかし，限られたパイの分配に依存する従来型メカニズムで成長を描くことは困難となっている。今後，わが国産業の健全な成長を図るためには，
　　　　①　劇的発展を遂げている最新のICTをとりこみつつ，
　　　　②　民間の知恵と資金を最大限に活用し，
　　　　③　外に開き，世界の成長を取り込む形で，
　　生産性の向上を図り，パイを拡大させていかなければならない。そのため，それを実現させるための政策を早急に打ち出すことが重要である。その観点から，国際展開・官民連携，観光，航空，海洋，住宅・都市の5分野については，特に，さらなる発展が期待できる分野であるとの認識のもと，旧来のパラダイムを転換し，大胆な政策提案を行っている。

2. 旧来メカニズムとの決別と新しい市場環境の構築
   ▶今後は，以下の点を柱として新しい市場環境を構築することを政策の基本原則とする。
   ▶公共事業費減少の中，「財政に頼らない成長」を大原則とした上で，「国土の均衡ある発展」に代表されるばらまき行政・再配分政策からの脱却を図り，限られた公共投資を費用対効果に応じて集中的に配分する。
   ▶また，集中投資と併せて，地域や企業の創意工夫による成長を促進するため，成長の足枷となっている規制緩和に積極的に取り組み，自由度を高め，民間の新しい提案や大胆な経営を促進させる。
   ▶ファンドやPPPに代表されるような<u>「民間の知恵と資金」が積極的に活用される仕組みを導入し</u>，効果的な公共投資を行う。特に，個人金融資産を活用して，新しい資金の流れを市場に誘導する方策を講ずる。
   ▶経済活動のグローバル化・国際展開に対応し，また，地域の自由かつ自主的な活動を支えるため，<u>官民が連携し，積極的な人材育成に取り組む</u>。

　この報告書の特徴として指摘できるのは，下線部に示されている通り，政官民の協力体制を構築した上で，民間の知恵と資金を活用する点である。着手すべきコアな分野は海洋，観光，航空，国際展開・官民連携，住宅・都市に焦点が絞られている。それら5分野において達成されるべき目標と相互の関連性については，図1-4と次頁の図1-5のように提示された。本論部分では，各分野の具体的なテーマが揚げられ，実行すべき政策が検討されている。
　航空分野の成長戦略ビジョンに注目すると，以下の6つの具体的な戦略が明

図1-4　達成すべき目標と5分野との相関関係

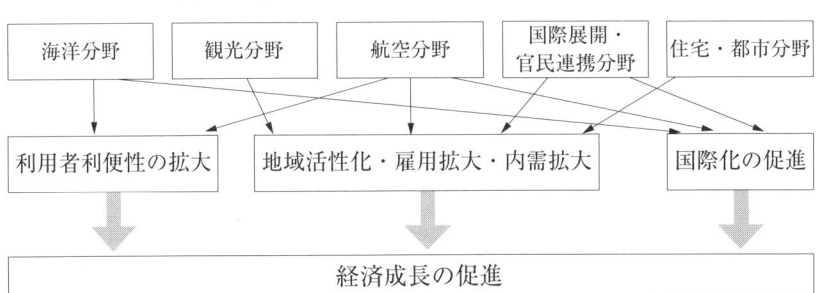

（出所）　国土交通省成長戦略会議［2010］0-3頁に基づき筆者作成。

図1-5 5つの対象分野の連関

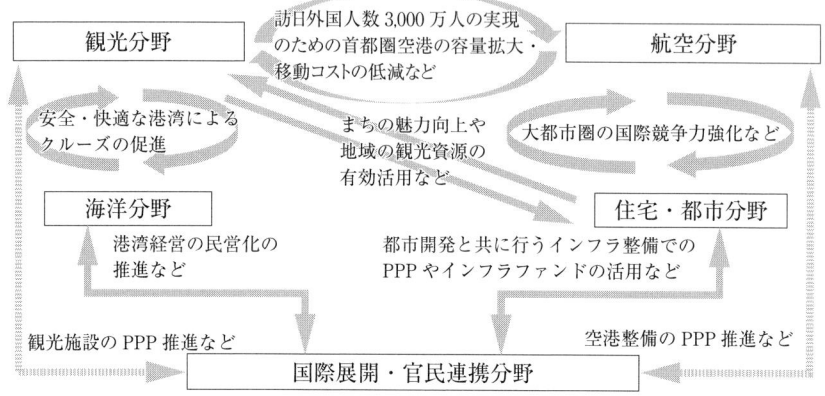

（出所）国土交通省成長戦略会議［2010］0-5頁に基づき筆者作成。

確にされた。

① 日本の空を世界へ，アジアへ開く（徹底的なオープンスカイの推進）
② 首都圏の都市間競争力アップにつながる羽田・成田強化
③ 「民間の知恵と資金」を活用した空港経営の抜本的効率化
④ バランスシート改善による関空の積極的強化
⑤ 真に必要な航空ネットワークの維持
⑥ LCC参入促進による利用者メリット拡大

1980年代から90年代にかけて，航空自由化が世界的な規模で展開されたことに伴い，空港経営を取り巻く環境も大きく変化しているが，わが国ではその対応策を打ち出す機会を逃してきた。2001年の米国同時多発テロ以降，SARS，イラク戦争，燃料費高騰，リーマンショック，新型インフルエンザなど，航空業界にダメージを与える出来事が続いた。さらに，わが国のメガキャリアであるJALが2010年1月に経営破綻に陥ったために，地方に立地する空港のみならず大都市圏の空港についても，将来の動向が不透明になってしまった。

成長戦略公表後，2011年3月に起きた東日本大震災により，航空業界の不確実性は一層，大きくなったが，幸いにも新規LCCの就航が実現したので，将来の見通しは改善される期待感も出てきた。しかし，LCCは利用者数の多

い主要空港を拠点にしようとしているので，楽観視することはできない。そのような中で，国土交通省の会議体から航空分野の具体的戦略が提案されたことには意義がある。とりわけ，③と④はこれまでに着手できなかった制約を取り除くためには不可欠の項目であった。

　③は国管理空港の見直しを中心とした「空港運営のあり方に関する検討会」へとつながり，最終的に空港の民営化を想定した「民間の能力を活用した国管理空港等の運営等に関する法律」へと発展した。また，④はわが国初の複数一括運営に入る関空・伊丹の経営統合と，新会社の運営権を売却する「コンセッション」の採用につながった。成長戦略の航空分野で提唱された論点は，規制緩和・民営化を適用する方向で着手された空港改革の原点と言える。

1.4　公共施設整備のための PFI 活用

　民主党政権は 2010 年 6 月に，「新成長戦略～『元気な日本』復活のシナリオ～」を公表し，日本経済全体の復活を視野に入れた政策提言を行った。その主眼は「強い経済」，「強い財政」，「強い社会保障」を一体的に実現する点に置かれ，20 年近くも続いてきた閉塞状況を打開することが狙われた。成長分野として，「グリーン・イノベーション」，「ライフ・イノベーション」，「アジア経済」，「観光・地域」があげられ，これらを支える基盤として「科学・技術・情報通信」，「雇用・人材」，「金融」に関する戦略が重視された。実行計画についても，これらの 7 分野に分けて整理され，2011 年度，13 年度，20 年度までに実施されるべき項目が明示されている。

　航空と空港に関しては，「アジア経済戦略～ヒト・モノ・カネの流れ倍増（アジアの成長を取り込むための改革の推進）～」の中に含まれた。「ヒトの流れ倍増」を達成するために，徹底的なオープンスカイの推進，羽田の 24 時間国際拠点空港化，首都圏空港の強化と合わせて，「民間の知恵と資金」を活用した空港経営の抜本的効率化と航空ネットワーク維持方策の見直し，関空・伊丹の経営統合にかかわる制度改正とコンセッション契約の検討が，2020 年度ま

でに進められる計画として明記された。

　社会資本の戦略的な新設・維持管理に関しては,「観光・地域活性化戦略～地域資源の活用による地方都市再生,成長の牽引役としての大都市の再生～」において言及された。コンセッションの導入にかかわるPFIを拡充するために,2011年度までに,公物管理の民間開放,公務員の民間への出向の円滑化,民間資金導入などPFI・PPPの活用促進へ向けた諸施策の実施が予定され,13年度までに,公共施設をPFI手法で整備する検討が行われるという計画であった。最終的に,社会資本ストックの効率的,戦略的な新設・維持管理の実現が図られ,2010年～20年のPFIの事業規模は,10兆円を超えると想定された。

　2011年5月に,改正PFI法(民間資金等の活用による公共施設等の整備等の促進に関する法律の一部を改正する法律)が成立した。PFI法は1999年に制定されていたが,成長戦略や新成長戦略において提案されたコンセッションを利用するためには,公共施設の運営権について規定しておく必要があった。運営権導入についてのイメージは,図1-6の通りである。改正法では,第四章に「公共施設等運営権」に関する規定が定められている。12年3月には,「民間資金等の活用による公共施設等の整備等に関する事業の実施に関する基本方針」も公表された。

　このようにコンセッションが法律面から正当化されるのと歩調を合わせて,

図1-6　運営権導入のイメージ

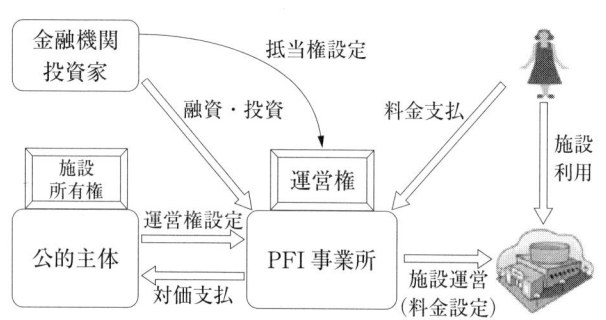

（出所）　内閣府民間資金等活用事業推進室［2011］。

空港民営化についても制度改革が進められてきた。2010年12月に，国土交通省は「空港運営のあり方に関する検討会」を立ち上げ，空港経営の抜本的効率化を図るため，空港の経営の一体化，民間への経営委託・民営化について議論してきた。11年7月に「空港経営改革の実現に向けて」と題する報告書が公表された。その中において，コンセッションを可能にする措置も含め，空港民営化に向けた提言が盛り込まれたことは画期的であった。

2012年12月に自民党政権に移行したが，空港民営化の可能性は継続して検討された。その背景については，図1-7のように整理できる。その後，13年6月になり民活空港運営法（民間の能力を活用した国管理空港等の運営等に関す

図1-7 空港民営化の背景

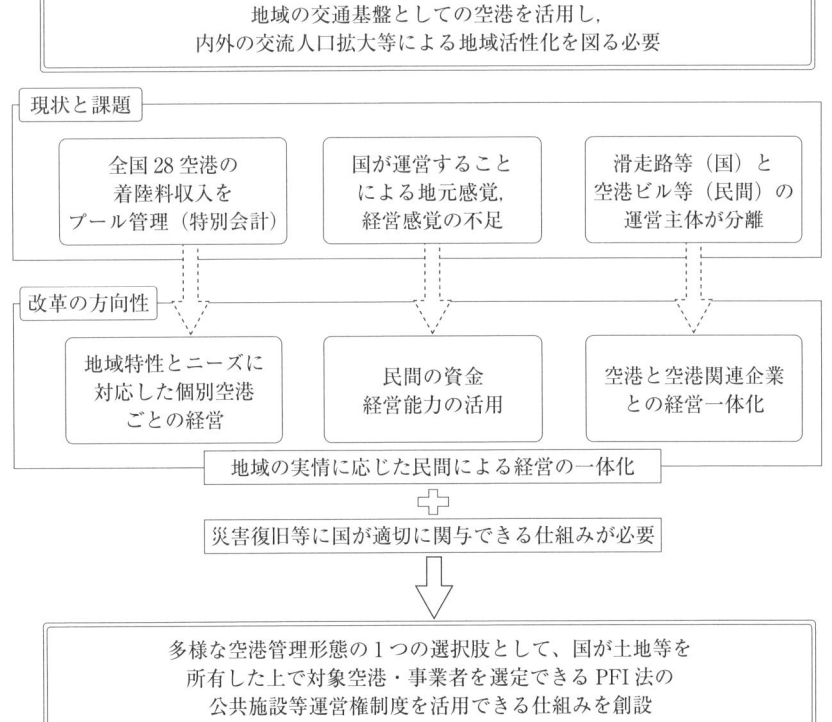

（出所）　国土交通省資料〈http://www.mlit.go.jp/common/000996148.pdf〉。

図1-8 空港民間委託のスキーム

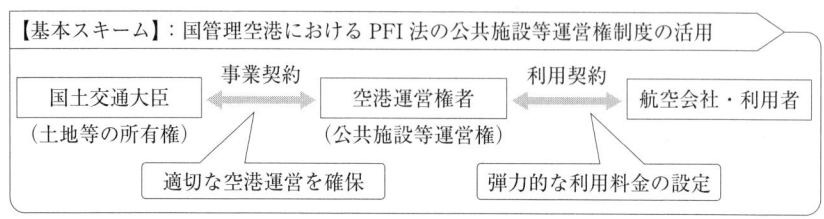

（出所）　国土交通省資料〈http://www.mlit.go.jp/common/000996148.pdf〉。

る法律）が成立した。同法に基づき，PFI法に盛り込まれた「公共施設等運営権」（コンセッション）を活用することによって，図1-8のようなスキームに従って国管理空港の民間委託が可能になった。従来，地方自治体が設置・管理者であった地方管理空港に関しても，同様に運営権を設定して，民間資金を導入することが認められている。

　当初の計画では，2012年度に民間事業者，地方自治体などの幅広い関係者から，国管理空港の運営の民間委託に関する具体的な提案を募集（マーケット・サウンディング），13年度に個別空港ごとの運営の民間委託手法の具体的検討，14年度に国管理空港の運営の民間委託に入る予定であった。現実には，地方自治体や地元団体との調整などで遅れが出ているが，仙台空港のように民間による運営を早期に実現させたいという強い意向を持っているところもある。今後，空港ごとに地域の実情を勘案しながら，運営権売却など官民連携の可能性が模索される。このような改革によって，長期的視点から維持可能なインフラが整備されるとともに，空港運営が新たなビジネスとして発展することが期待されている。

第2章　運営権譲渡「コンセッション」

2.1　なぜ，コンセッションなのか

　コンセッションとは，政府が提供してきたインフラ・ビジネスや公的サービスの物理的な設備の所有権と，その設備を利用してサービスを提供する運営権を区別して，運営権を民間企業に売却する手法である。これは第1章でも示したように，官民連携の代表的な手法であり，広義の民営化に含まれる。わが国では，法律が制定されていなかったために，普及してこなかったが，公的資金を効率的に支出しようとする国や財政難から民間資金に依存せざるを得ない国では活用されている。一般に，空港，鉄道，高速道路，駐車場，橋梁・トンネルなど，交通セクターにおいて利用されることが多い。それらに加えて，スタジアム，学校，住宅，水道などの公的サービスに適用されることもある。

　サービス契約やマネジメント契約のように，単に公的サービスの業務を部分的に外部委託するのではなく，コンセッションは政府と民間企業との間で，特定の業務に関して包括的な移管を行う。一定期間，運営権を認められる点ではリース（アフェルマージュ）と似ている。リース（アフェルマージュ）形態では，公的組織が設備投資の責任を負うのに対して，コンセッションに関しては，民間企業の側が設備投資を行う権限を持つ。コンセッションを受ける主体（選定事業者）に投資インセンティブを持たせるためには，契約期間を長く設定する必要がある。通常，約30年と考えられているが，現実のケースでは50年を超えるような事例も見られる。

　株式売却に基づく民営化は，公的企業の株式会社組織への変更手続きに時間を要するが，対象となる企業の業績がよく，収益性が高い場合には，必ず買い

手が現れる。しかし，対象企業が多額の債務を抱えているような場合や，何らかのリスクによって将来の収益性が期待できない場合には，株式売却は難しいので，コンセッションが採用されやすい。移管される業務は公共的性格が強いため，売却先が見つからないからと言って，サービスの供給を停止するわけにはいかない。結果的に，政府と選定事業者の間に，詳細な条件を含んだ契約書が交わされ，サービスを継続するのが合理的だと考えられる。

　運営権の売却額については，業務範囲や契約年数，過去の投資額の回収程度，将来投資の必要性，サービス品質のレベル，料金設定の自由度など，個別の条件に依存するので，ケース・バイ・ケースにならざるを得ない。公平性の観点から，コンセッションは競争入札を通して決定されることが望ましいが，事前の情報提供も重要である。実際には，選定事業者の候補が現れるような基本条件が設定され，それぞれの運営権に相応しい基準価格が決定される。業務運営に関して，自由裁量を与える内容にしておかないと，応札者が現れない危険性もある。

　コンセッションの目的は本来，インフラ・ビジネスや公的サービスを効率的に運営し，運営権を獲得した主体が滞りなく更新投資を行うようにする点にある。しかし，現実には財政負担を軽減する点に優先順位が置かれ，それを実現するための手段としてコンセッションが利用される場合もある。所有権と運営権を切り離し，政府などの公的組織が所有者として残りながら，民間企業が運営者として日常業務にあたれば，過去の累積債務問題を容易に解決できるという発想である。

　この発想の下では，所有者は債務額に等しい売却額を設定しようとする一方で，運営者は一定期間内に利潤最大化を図ろうとするだけである。所有者側も運営者側も，サービスの継続性を重視する行動をとらないために，結果的に公的サービスの維持が破綻する事態に陥る危険性が高い。コンセッションを「累積債務棚上げ」と同一視するような混乱した解釈は避けるべきであり，「借金分離」を優先するのであれば別途，異なる方策を併用する必要がある。

　現在，わが国で求められているのは少子高齢化が進行する中で，インフラ・ビジネスと公的サービスの供給を確実に継続させる手法を確立することであ

る。短期的な契約で民間企業から運営権に見合った支払額を受け取ったとしても，事業そのものの継続性が断たれたら本末転倒である。また，長期的な契約が成立したとしても，新規設備投資を促すインセンティブが組み込まれていないのであれば，設備老朽化により利用者の満足度が低下する。政府など公的組織による効果的なガバナンスとモニタリングが機能してこそ，コンセッションの下で民間企業による持続可能なサービス提供が可能になる。

2.2　フランス・ヴィンシー社の成長

　欧州において，インフラ・ビジネスと公的サービスのコンセッションを受けている主体は，土木建設・エンジニアリング部門に属す企業が多い。フランスは水道をはじめコンセッションに関して実績のある国であるが，コンセッションを多くの分野で展開している企業としてヴィンシー（Vinci）社をあげることができる。

　同社の前身は，1890年代末から1900年代初期に設立されたGTM（Grands Travaux de Marseille）とSGE（Société Générale d'Entreprises）である。2000年に両社の合併により，コンセッションと委託契約を専門とするヴィンシー社が誕生した。当初の筆頭株主は，水道を中心とするインフラ会社のスエズ・リヨネーズ・デゾー社（19.7%）とビベンディ社（8.7%）の2社であった。2013年6月末の株主構成は表2-1（次頁）の通り，機関投資家が約3分の2を占めている。2010年から，カタールの政府系ファンド会社QIAの子会社で不動産会社であるカタリー・ディア社が参画することになった。

　現在の社内組織は図2-1（21頁）のように，コンセッション部門と委託契約部門に分けられ，さらに，前者はヴィンシー・オートルーツ（高速道路運営）とヴィンシー・コンセッションズ（駐車場・空港・鉄道・道路・スタジアム運営）に，後者はヴィンシー・コンストラクション（建設一般），エネルギー（電力），ユーロビア（道路建設）に細分化され，多数の子会社が含まれている。組織構成がかなり複雑化しているのは，過去にM&Aが繰り返されてきたた

表2-1 ヴィンシー社の株主構成

(単位：%)

機関投資家	フランス	16.7	65.6
	英　国	7.8	
	その他，欧州	17.3	
	米　国	19.6	
	その他，諸国	4.2	
個人投資家			10.3
従業員持ち株			10.3
自己株式・その他			7.1
Qatari Diar			5.3
Artemis			1.4
合　　計			100.0

（出所）　VINCI, *2013 first-half results* に基づき筆者作成。

めである。

　2012年末の従業者数は19万3,000人であるが，その比率はコンセッション部門が約8％の1万5,000人であるのに対して，委託契約部門は90％を超える17万6,000人に及ぶ。同年の収入は386億3,400万ユーロだったが，その比率はコンセッション部門14％，委託契約部門86％である。利益の比率は両部門ともほぼ均衡している。活動拠点はフランス国内と欧州圏内であるが，成長率の高いアフリカとアジアにも進出する動きが見られる。

　空港運営に関するデータは，表2-2（22頁）のように整理できるが，ここにはコンセッションに加え，外部委託契約の事例も含まれている。フランス国内ではナント・アトランティックを除いて，すべて年間旅客数50万人以下の小規模な地方空港である。フランスでは，パリの大規模空港の運営をADPに任せ，中規模な地方都市空港を地元の商工会議所に委ねている。ヴィンシー社はコンセッションと外部委託契約を通して，アルプスの山岳地帯を含む小規模な地方空港の運営にあたってきた。多くの場合，パートナーとなっているのは，地元

第 2 章　運営権譲渡「コンセッション」　21

図 2-1　ヴィンシー社の組織

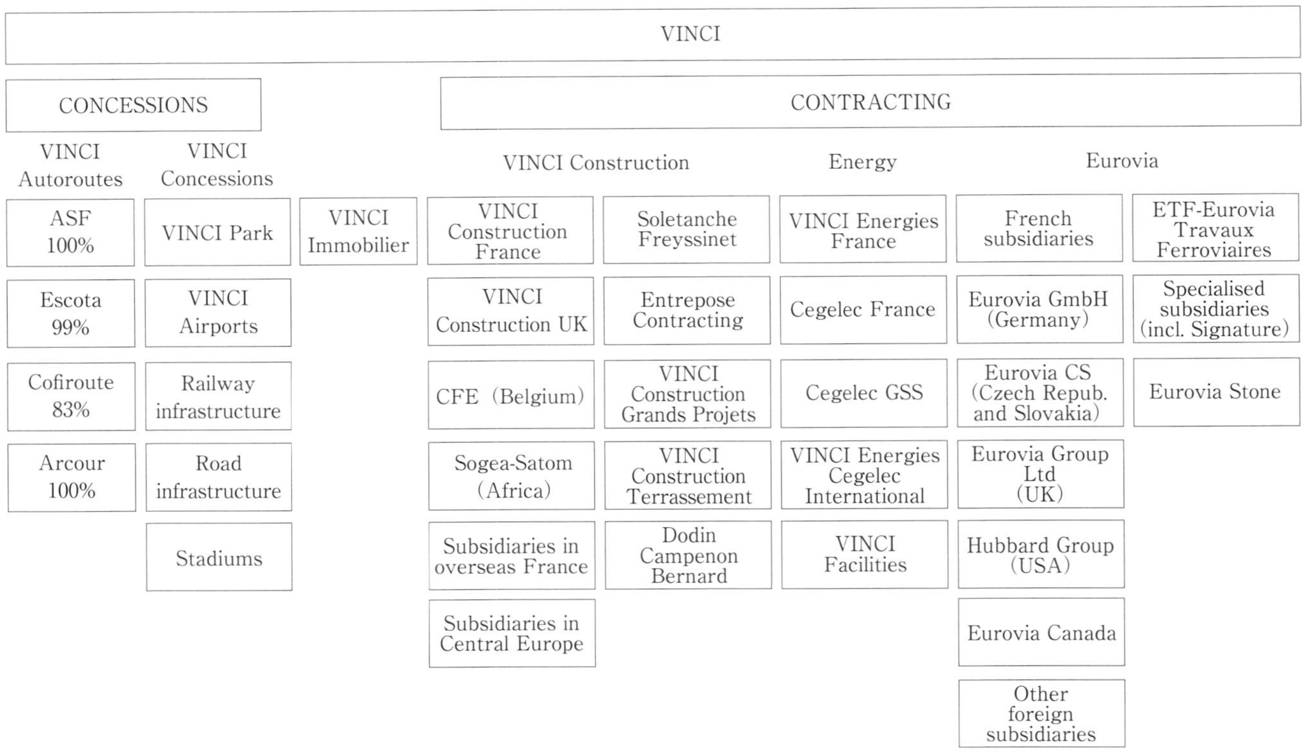

```
VINCI
├── CONCESSIONS
│   ├── VINCI Autoroutes
│   │   ├── ASF 100%
│   │   ├── Escota 99%
│   │   ├── Cofiroute 83%
│   │   └── Arcour 100%
│   ├── VINCI Concessions
│   │   ├── VINCI Park
│   │   ├── VINCI Airports
│   │   ├── Railway infrastructure
│   │   ├── Road infrastructure
│   │   └── Stadiums
│   └── VINCI Immobilier
└── CONTRACTING
    ├── VINCI Construction
    │   ├── VINCI Construction France
    │   ├── VINCI Construction UK
    │   ├── CFE (Belgium)
    │   ├── Sogea-Satom (Africa)
    │   ├── Subsidiaries in overseas France
    │   ├── Subsidiaries in Central Europe
    │   ├── Soletanche Freyssinet
    │   ├── Entrepose Contracting
    │   ├── VINCI Construction Grands Projets
    │   ├── VINCI Construction Terrassement
    │   └── Dodin Campenon Bernard
    ├── Energy
    │   ├── VINCI Energies France
    │   ├── Cegelec France
    │   ├── Cegelec GSS
    │   ├── VINCI Energies Cegelec International
    │   └── VINCI Facilities
    └── Eurovia
        ├── French subsidiaries
        ├── Eurovia GmbH (Germany)
        ├── Eurovia CS (Czech Repub. and Slovakia)
        ├── Eurovia Group Ltd (UK)
        ├── Hubbard Group (USA)
        ├── Eurovia Canada
        ├── Other foreign subsidiaries
        ├── ETF-Eurovia Travaux Ferroviaires
        ├── Specialised subsidiaries (incl. Signature)
        └── Eurovia Stone
```

（出所）　VINCI, *2010 Annual Report*.

表 2-2　ヴィンシー社の空港運営

国	空港名	契約期間	株式保有	乗降客数 (2012年)
フランス 10空港	Grenoble-Isère	2004-09	99%	313,499
		2009-23		
	Chambéry-Savoie	2004-13	99%	228,108
		2013-28		
	Clermont-Ferrand Auvergne	2008-14	99%	385,507
	Quimper Cornouaille	2009-15	99%	110,200
	Rennes Bretagne	2010-25	49%	454,336
	Dinard Bretagne			138,479
	Pays d'Ancenis	2011-18	100%	11,000
	Nantes Atlantique	2011-66	85%	3,600,000
	Saint Nazaire Montoir			20,269
	Poitiers-Biard	2013-19	100%	118,375
	小　　計			5,379,773
カンボジア 3空港	Phnom Penh	1995-2040	70%	2,100,000
	Siem Reap	2001-40		2,200,000
	Sihanoukville	2006-40		15,000
	小　　計			4,315,000
ポルトガル 10空港	ANA Aeroportos de Portugal Lisbon など10空港	2012-61	95%	30,500,000
	合　　計			40,194,773

（出所）　VINCI, *1st Quarter 2013 Update* 及び VINCI Concessions, *Activity Report 2011* などに基づき筆者作成。

の自治体である。

　フランス10空港だけで見た乗降客数は約540万人であるが，カンボジアの430万人を加えると，約1,000万人に達する。選定事業者であるカンボジア・エアポート社の株式は，ヴィンシー社の子会社 SCA（Société Concessionnaire des Aéroports）と，カンボジアとマレーシアの共同出資会社（Muhibbah Masteron Cambodia）により共有されている。その比率は，それぞれ70％と30％である。1995年に，首都プノンペンのコンセッションを開始し，その後，観光促進や港湾開発を視野に入れてシェムリアップとシアヌークビルの運営権も獲得するに至った。

　2013年2月には，ポルトガルで10空港のコンセッションを行う空港会社（ANA Aeroportos de Portugal）の株式を取得した結果，年間乗降客数を4,000万人にまで引き上げることに成功した。リスボンが1,500万人を扱うハブ空港であり，LCCによる近隣欧州路線と，ブラジルなどのポルトガル語圏への路線が定着している点に魅力があったので，ヴィンシー社はポルトガル空港会社の株式を取得したと考えられる。

　ヴィンシー社のコンセッションと委託契約では，すべて相手先の株式を高い比率で保有しながら，運営権を取得している。同社は空港以外の駐車場・鉄道・道路・スタジアムの運営でも，株式取得とコンセッションを併用している。詳細なデータがないため，運営権を獲得する対価と株式取得の評価額が，どのように区分されているのかについては明らかではないが，コンセッションの価格は，株式購入額に含まれて支払われているという見方もできそうである。

　フランスでは，株式取得とコンセッションの併用が認められてきた。これは公的なガバナンスとモニタリングが機能するメカニズムが確立されていないと実行できない。ヴィンシー社が国内で空港コンセッションに関与したのは，2004年のグルノーブル・イゼールとシャンベリー・サボアの事例が最初であるが，同社の前身であるGTMがカンボジア・プノンペンでコンセッションを開始したのは1995年である。ここで株式取得とコンセッションが併用されていたので，その実績を国内でも採用したと考えられる。また，他業種における経験から，官と民の間に信頼関係が成立していたことも影響したのであろう。

2.3　ドイツ・ホッホティーフ社の撤退

　ドイツでは，140年の歴史を持つホッホティーフ（Hochtief）社がコンセッション専門企業として著名である。同社は1874年に，フランクフルトでヘルフマン兄弟（Philipp Helfmann/Balthasar Helfmann）が立ち上げた建築会社「ヘルフマン・ブラザーズ」から出発している。当時では珍しい民間住宅の建て売りをビジネスとして確立し，その後，大学や下水道など公共インフラの分野へと業務範囲が拡張されていった。「ホッホティーフ」という社名は，1923年から使用されている。

　1980年代から90年代にかけて，ドイツの大手電力会社であるRWEがホッホティーフ社の筆頭株主であったが，2000年代に入って所有比率を下げてきた。それに代わり，比率を高めてきたのが，スペインの建設会社ACS（Actividades de Construcción y Servicios, S.A.）で，2011年6月には過半数を超える株式を保有するに至った。株主構成の現況は表2-3の通りであり，ACSが実質的な経営権を握っている。また，前述したヴィンシー社と同様に，カタール企業が関与している点も注目される。

　組織についても，M&Aの影響から多数の部門を抱えているのは，ヴィンシー社と似ている。2012年に，表2-4のように地域別に3部門に再編・統合された。再編前にはホッホティーフ・コンセッションという独立した部門と，そ

表2-3　ホッホティーフ社の株主構成

（単位：％）

ACS Actividades de Construcción y Servicios, S. A.	49.9
一般投資家	35.7
Qatar Holding	10.0
自己株式・その他	4.4
合　　　計	100.0

（出所）　HOCHTIEF［2013a］に基づき筆者作成。

表 2-4　ホッホティーフ社の組織

HOCHTIEF Americas	
Turner	米国／カナダ
Flatiron	米国／カナダ
E.E. Cruz	米国
Clark Builders	カナダ

HOCHTIEF Asia Pacific	
Leighton Holdings	豪州
Leighton Contractors	豪州／ボツワナ／ニュージーランド
Thiess	豪州／インド／インドネシア
John Holland Group	豪州
Leighton Properties	豪州
Leighton Asia	カンボジア／香港／インド／インドネシア／ラオス／マカオ／マレーシア／モンゴル／フィリピン／シンガポール／台湾／タイ／ベトナム
Habtoor Leighton Group	オマーン／カタール／サウジアラビア／UAE

HOCHTIEF Europe	
HOCHTIEF Solutions	アブダビ／オーストリア／バーレーン／ブルガリア／チリ／チェコ／デンマーク／ドイツ／ギリシャ／ハンガリー／インド／アイルランド／ルクセンブルク／ペルー／ポーランド／カタール／ルーマニア／ロシア／セルビア／南アフリカ／スウェーデン／スイス／トルコ／英国
HOCHTIEF ViCon	ドイツ／カタール
Streif Baulogistik	オーストリア／ドイツ／ポーランド／カタール／ロシア／ウクライナ
HOCHTIEF Property Management	ドイツ
aurelis Real Estate	ドイツ
HOCHTIEF Energy Management	ドイツ
HOCHTIEF PPP Solutions	カナダ／チリ／ドイツ／ギリシャ／インド／アイルランド／英国／米国

（出所）　HOCHTIEF［2013a］．

の傘下にホッホティーフ・エアポートが存在したが，現在，コンセッション部門は他部門と統合され，PPPについてはホッホティーフ・ヨーロッパの下で行われている。さらに，空港関連業務については，本社に直接，帰属する形に変更された。この時点で，後述するように同業務の売却が決められていたものと理解できる。

　ホッホティーフ社が本格的に空港業務を始めたのは，1996年のギリシャ・アテネ国際空港の建設と30年に及ぶコンセッションである。その後，短期間のうちに複数の空港運営に乗り出し，現在までに表2-5に示される6空港を動かしてきた。ドイツ国内では，デュッセルドルフとハンブルクの運営権を持つが，両空港とも期限は設定されていないので，実質上，永久に経営する権限を認められたことになる。

　ホッホティーフ社の参画する空港の乗降客数の合計は，約9,500万人に達する。ヴィンシー社と異なり，大規模空港を中心に運営している点に特徴がある。いずれの案件においても，株式保有率は過半数を超えることはなく，必ず政府・自治体かファンド会社などとパートナーを組んでいる点も，ヴィンシー社との違いである。所有比率で見ると，シドニー空港のみ極端に低いが，これは筆頭株主である証券取引所に上場しているシドニー空港会社（ASX listed Sydney Airport）の持ち分が，2011年12月まで大型ファンド会社マッコーリーによって保有されていたためである。

　それぞれの空港は独自の手法で民営化を進めてきたので，ホッホティーフ社の関与もまちまちである。図2-2（28頁）から明らかなように，1,000万人を超える4空港については，ホッホティーフ・エアポート（HTA）と別会社であるホッホティーフ・エアポート・キャピタル（HTAC）が，異なる比率で出資している。実は，HTAとHTACの間に資本関係はなく，HTAは単に管理部門としてホッホティーフ・エアポート・キャピタル・フェアバルトゥングを置いているだけである。

　HTACに出資しているのは，オーストラリアのHastings Funds Management Ltd.（50%），カナダのCaisse de dépôt et placement du Québec（40%），ドイツのKfW IPEX-Bank（10%）の3社である。HTACが設立さ

第2章　運営権譲渡「コンセッション」　27

表2-5　ホッホティーフ社の空港運営

空港	アテネ国際	デュッセルドルフ	ハンブルク	シドニー	ティラナ国際	ブダペスト
国	ギリシャ	ドイツ	ドイツ	オーストラリア	アルバニア	ハンガリー
ホッホティーフ社の参画	1996年6月	1997年12月	2000年10月	2002年6月	2005年4月	2007年6月
運営期限	2026年まで	なし	なし	2100年まで	2025年まで	2080年まで
乗降客（百万人）	12.9	20.8	13.7	36.9	1.7	8.5
離着陸回数	153,295	217,202	152,896	321,630	20,528	87,560
貨物取扱量（トン）	76,425	101,588	64,641	737,000	1,875	93,123
収入総額	338.8EUR (million)	366.4EUR (million)	251.5EUR (million)	1,039.7AUD (million)	32.1EUR (million)	168.6EUR (million)
EBITDA	218.2EUR (million)	125.8EUR (million)	83.7EUR (million)	848.0AUD (million)	n.a.	96.2EUR (million)
非航空収入比率	43%	42%	30%	51%	n.a.	31%
従業者数	642	1,102	697	n.a.	284	739
民営化の形態	BOOT	株式部分売却	株式部分売却	株式完全売却	BOOT	株式完全売却
HTAの所有比率	26.7%	20.0%	14.2%	5.6%	47.0%	49.7%
HTACの所有比率	13.3%	10.0%		6.5%	—	
その他の主要株主	Greek state 55.0%	City of Düsseldorf 50.0%	City of Hamburg 51.0%	ASX* & affiliates 85.0%	DEG** 31.7%	Caisse**** 18.17%
		Aer Rianta Intl. Cpt. 20.0%		Australian super funds 3.0%	AAEF*** 21.3%	Malton (GIC) 18.17%
						Goldman Sachs IP***** 10.0%
						KfW IPEX-Bank 4.0%

（注）データは2012年の数値。
* ASX：Australian Securities Exchange listed Sydney Airport
** DEG：Deutsche Investitions-und Entwicklungsgesellschaft
*** AAEF：Albanian-American Enterprise Fund
**** Caisse：Caisse de dépôt et placement du Québec
***** Goldman Sachs Infrastructure Partners：A group of infrastructure funds sponsored and managed by Goldman Sachs, through their subsidiary Aero Investment sarl
（出所）HOCHTIEF AirPort, *Annual Review 2012* に基づき筆者作成。

28　第Ⅰ部　インフラビジネスの成長力

図2-2　ホッホティーフ社の空港と出資比率

ホッホティーフ
├─100%─→ ホッホティーフ・エアポート (HTA)
│　　　　　├─100%─→ ホッホティーフ・エアポート・キャピタル・フェアバルトゥング
│　　　　　│　　　　　├─49.7%─→ ブダペスト
│　　　　　│　　　　　└─47.0%─→ ティラナ国際
│　　　　　├─5.6%─→ シドニー
│　　　　　├─34.8%─→ ハンブルク
│　　　　　├─20.0%─→ デュッセルドルフ
│　　　　　└─26.7%─→ アテネ国際

ホッホティーフ・エアポート・キャピタル (HTAC)
├─6.5%─→ シドニー
├─14.2%─→ ハンブルク
├─10.0%─→ デュッセルドルフ
└─13.3%─→ アテネ国際

Hastings Funds Management Ltd.（オーストラリア）─50.0%→ HTAC
Caisse de dépôt et placement du Québec（カナダ）─40.0%→ HTAC
KfW IPEX-Bank（ドイツ）─10.0%→ HTAC

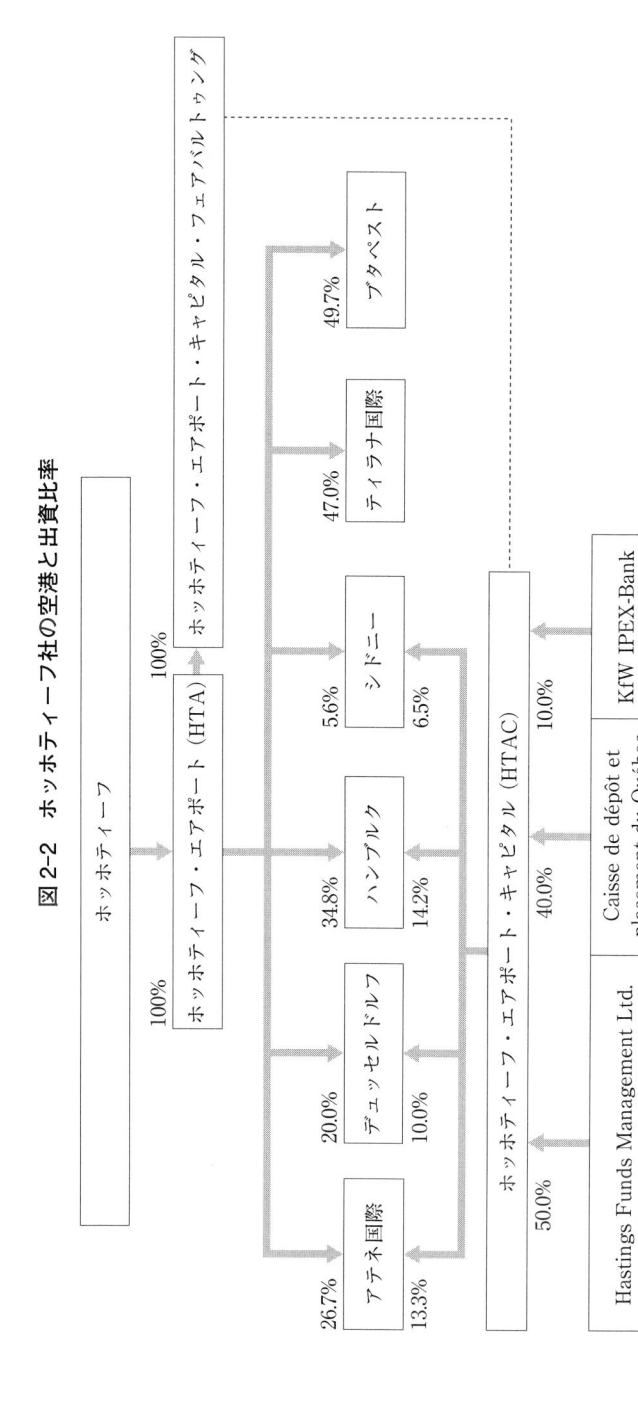

(出所)　HOCHTIEF AirPort Capital [2007] 及び HOCHTIEF Concessions [2010] に基づき筆者作成。

れたのは2005年であり，空港運営を資金運用面から事後的に支援する投資専門会社として位置づけられている。このように自国以外のファンド会社との協力によって，ドイツ国内と他国のコンセッション案件が支えられてきた点は注目に値する。

　しかし，そのようなスキームが開発されたにもかかわらず，ホッホティーフ社は空港業務を他社に売却し，自らは撤退する決定を下した。2012年に，ヴィンシー社など数社から購入意思が示されたものの，売却価格が高すぎて交渉は成立しなかった。結果的に，13年5月にカナダの年金基金（Public Sector Pension Investment Board）が，15億ユーロでホッホティーフ・エアポートを購入することが決まった。なぜ売却を決めたのか，ホッホティーフ社から明確な理由は公表されていない。スペイン・マドリッドに拠点を置く親会社ACSによる支配が強化された2011年以降に売却の動きが見られることから，同社の負債を補填するのが目的だったのではないかという推測も否定できない。

　15億ユーロという売却額はホッホティーフ・エアポートの保有していた株式の評価額であるが，6空港の運営権に関しても，同時に新会社へ移転すると考えられる。運営権が移転するとしても，それぞれの空港には核となる他の株主が存在するので，即座に日常業務に悪影響が出るわけではない。株式売却やコンセッションによる民営化を導入すると，必ずこのように所有者や選定事業者の変更という事態は起こり得る。それ故，撤退時のルールやペナルティに関しても，事前に明確に規定しておく必要があるという点が，他国への示唆となる。

2.4　英国・アベルティス社とルートン空港

　英国では，大規模空港のほとんどが株式売却による民営化を実現したのに対して，ロンドンのルートン空港だけが，1998年に例外的にコンセッションを採用することになった。所有者である地元のルートン自治体LBC（Luton Borough Council）が，LLAL（London Luton Airport Ltd.）という子会社を通し

て，民間コンソーシャム LLAOL（London Luton Airport Operations Ltd.）とコンセッション契約を締結している。1999年から2028年までの30年契約で，LLAOL が運営権を持つ。

ロンドンには，ヒースローとガトウィックという主要空港が存在する一方で，ルートンとスタンステッドのようなLCCを中心とするセカンダリー空港も併存している。ルートンはイージージェットの拠点として知られているが，その就航以前にライアンエアーが拠点を置いていた。しかし，1991年にライアンエアーがスタンステッドに拠点を移した影響で，利用者数が激減し，収益は悪化してしまった。

自治体経営から出発した同空港にとって，利用者数の減少は株式を売却する上で，大きなマイナス要因となった。これがコンセッションを選んだ理由の1つと判断できる。第1章で紹介したように，1980年代から空港のみならず，電力セクターなど大規模な公益事業の民営化が進展していた時期とも重なってしまった。投資家にとっては，投資対象となる優良な案件が多かったので，ルートン空港自体の株式売却が具体化できなかったと考えられる。

当初，LLAOL の中心となったのは金融ファンド会社（Barcrays Private Equity）であったが，2001年3月に建設会社 TBI にとってかわられた。同社はウェールズ・カーディフ空港とベルファスト国際空港を株式取得によって所有していたので，3空港を一括運営する会社となった。その後，05年1月に TBI はスペインの建設会社 ACDL（Airport Concessions & Development Ltd.）により買収されたので，それ以降，ルートンの運営権は ACDL が保有している。その出資者は，バルセロナに本社を置くアベルティス社の子会社（Abertis Infraestructuras）と，スペイン国内で47空港を運営する空港会社アエナ社の子会社（Aena Internacional）で，出資比率は前者が90％，後者が10％である。

アベルティス社はコンセッション専門企業であるが，とりわけ高速道路，通信，空港に特化している点に特徴がある。2012年における売上高比率は，高速道路82％，通信11％，空港7％となっている。空港については，表2-6に示されるように多くのコンセッションとマネジメント契約に加え，民営化空港の運営をも手掛けてきた。ACDL の空港部門は過去の M&A の変遷から，図

表2-6 アベルティス社の空港運営

グループ	空港	面積（km²）	滑走路（m）	形態	持ち分（％）	終了年
TBI	英国・ロンドン・ルートン	2.35	2,160	C	90.0	2028
	英国・ベルファスト国際	3.97	2,780 / 1,890	O	90.0	—
	英国・ウェールズ・カーディフ	2.06	2,390	O	90.0	—
	スウェーデン・ストックホルム・スカブスタ	4.4	2,880 / 2,040	O	81.1	—
	米国・オーランド・サンフォード国際（ターミナル・ビル部分）	12.14	2,930 / 2,130 / 1,830 / 300	C	90.0	2037
	ボリビア・エル・アルト	6.0	4,000 / 2,000	C	90.0	2022
	ボリビア・ビル−ビル	2.3	3,500	C	90.0	2022
	ボリビア・ジョージ・ウィルスターマン	2.91	3,800 / 2,650	C	90.0	2022
	米国・ハーツフィールドなど5空港	n.a.	n.a.	M	90.0	—
DCA	メキシコ・12空港	n.a.	n.a.	C	5.8	2048
	ジャマイカ・サングスター国際	n.a.	n.a.	C	74.5	2033
	コロンビア・アルフォンソ・ボニラ・アラゴン	n.a.	n.a.	C	33.3	2020
	チリ・アルテゥロ・メリノ・ベニテツ	n.a.	n.a.	C	14.8	n.a.
Codad	コロンビア・エル・ドラード国際	10	3,800 / 3,800	C	85.0	2015

（注）C：コンセッション，O：株式所有，M：マネジメント契約
（出所）アベルティス社の資料に基づき筆者作成。

32 第Ⅰ部 インフラビジネスの成長力

図 2-3　アベルティス社の空港と出資比率

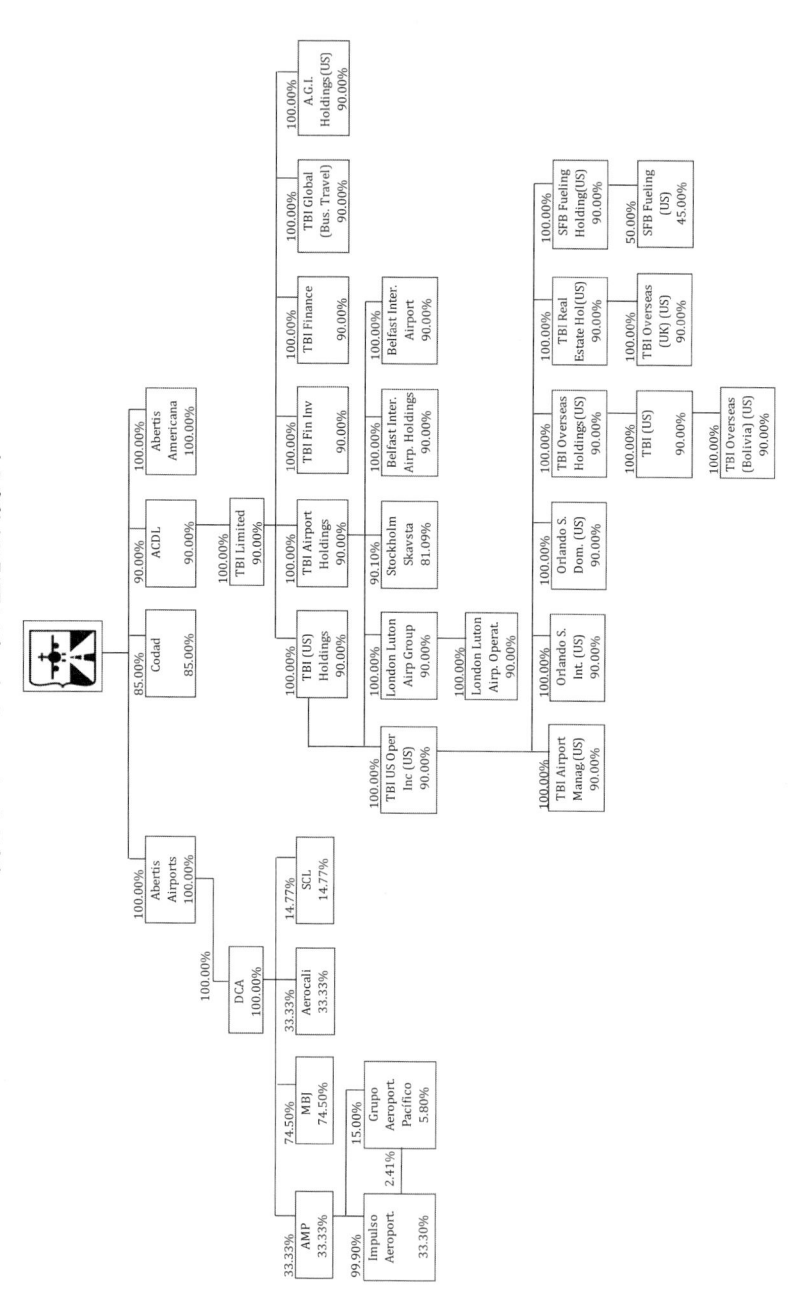

```
                                    Abertis
                                   Airports
                                   100.00%
         ┌──────────────────────────────┼──────────────────────────────┐
      100.00%                        85.00%                         100.00%
         │                              │                              │
        DCA                           Godad                       Abertis
      100.00%                        85.00%                       Americana
         │                              │                         100.00%
    ┌────┼────┐                    ┌────┴────┐
 33.33% 33.33% 14.77%           90.00%    100.00%
   AMP  Aerocali  SCL             ACDL    TBI Limited
 33.33% 33.33% 14.77%           90.00%    90.00%
   │                                          │
┌──┼──┐                                       │
33.33% 74.50% 15.00%                          │
 MBJ  Grupo                                   │
74.50% Aeroport.                              │
       Pacifico                               │
       5.80%                                  │
   │                                          │
99.90% 2.41%                                  │
Impulso                                       │
Aeroport.                                     │
33.30%                                        │
                                              │
         ┌────────────────┬───────────────────┼──────────────┬──────────────┐
      100.00%          100.00%            100.00%         100.00%        100.00%
    TBI (US)         TBI Airport        TBI Fin Inv     TBI Finance    TBI Global
    Holdings         Holdings           90.00%           90.00%        (Bus. Travel)
    90.00%           90.00%                                             90.00%
       │                │                                                  │
       │            90.10%                                              100.00%
       │         Stockholm                                              A.G.I.
       │          Skavsta                                               Holdings(US)
       │          81.09%                                                90.00%
       │
   100.00%
   TBI US Oper
   Inc (US)
   90.00%
       │
  ┌────┼────────────┬──────────────┬──────────────┐
100.00%         100.00%         100.00%       100.00%
London Luton   London Luton   Belfast Inter. Belfast Inter.
Airp Group    Airp. Operat.   Airp. Holdings  Airport
90.00%        90.00%          90.00%          90.00%

  ┌──────────────┬──────────────┬──────────────┬──────────────┐
100.00%       100.00%        100.00%        100.00%        100.00%
Orlando S.   Orlando S.    TBI Airport    TBI Overseas   TBI Real
Int. (US)    Dom. (US)     Manag.(US)     Holdings(US)   Estate Hol(US)
90.00%       90.00%        90.00%         90.00%         90.00%

                                          ┌────────┬────────┬────────┐
                                      100.00%  100.00%  100.00%  100.00%
                                     TBI (US) TBI Overseas  SFB Fueling
                                     90.00%   (UK) (US)     Holding(US)
                                              90.00%        90.00%
                                                   │             │
                                              100.00%         50.00%
                                              TBI Overseas   SFB Fueling
                                              (Bolivia) (US) (US)
                                              90.00%         45.00%
```

（出所）　アベルティス社の資料に基づき筆者作成。

表 2-7　アベルティス社の空港利用者数

(単位：千人)

空港	キャリア数	就航先	2007	2008	2009	2010	2011	2012 (年)
英国・ロンドン・ルートン	17	95	9,939	10,190	9,129	8,752	9,527	9,631
英国・ベルファスト国際	16	70以上	5,243	5,234	4,538	4,047	4,121	4,322
英国・ウェールズ・カーディフ	14	50以上	2,099	1,983	1,628	1,401	1,212	1,018
(英国・小計)			17,281	17,407	15,296	14,199	14,860	14,971
スウェーデン・ストックホルム・スカブスタ	4	61	1,976	2,459	2,505	2,489	2,557	2,301
米国・オーランド・サンフォード国際	11	50以上	1,772	1,834	1,688	1,139	1,556	1,812
ボリビア・エル・アルト	11	32	2,590	2,763	3,100	3,690	4,116	4,198
ボリビア・ビルービル	10	30						
ボリビア・ジョージ・ウィルスターマン	5	25						
(その他・小計)			6,337	7,056	7,293	7,318	8,229	8,311
合計			23,618	24,463	22,589	21,517	23,089	23,281

(出所)　アベルティス社の資料に基づき筆者作成。

2-3のように極めて複雑な形態で複数企業を傘下に置いている。その中でデータがとれるのは，TBI，DCA，Codad の 3 グループに限られる。

　近年の年間利用者の動向については，表 2-7 の通りで，2012 年の英国全体では 1,500 万人，その他を含めると 2,300 万人に達する。英国内に注目すると，約 50 の空港が存在するがルートンは，ヒースロー，ガトウィック，マンチェスター，スタンステッドに続き，第 5 位にランキングされる。競争政策当局の勧告により，ガトウィックはロンドン・シティを所有・運営する GIP に，スタンステッドはマンチェスターを運営する MAG に再編され，両社は複数一括運営で躍進している。

　ルートンにおける利用者は，イージージェットをはじめとする LCC が 86%

と高いシェアを占めているが，利用者数については伸び悩んでいる。ベルファスト国際は，ベルファスト・シティと競争関係にある中で，利用者数では上回っているものの，経営状況は厳しくなっている。また，ウェールズに関しても，近隣2空港と競合しているため，利用者数が半減した。このような経営状態の悪化を背景に，アベルティス社は英国の3空港を手放す見解を表明した。

2012年12月に，ウェールズ政府は自らカーディフを公有化する方針を表明し，13年3月に，正式に5,200万ポンドで購入することになった。ウェールズは歴史的に，独立的な行政運営をしてきたことから，このような判断を下したことは理解できる。ベルファスト国際については，13年7月にスウェーデン・ストックホルム・スカブスタと米国・オーランド・サンフォード国際（ターミナル・ビル部分）とともに売却された。購入したのは米国企業（ADC & HAS Airports Worldwide）であるが，その総額は2億8,400万ユーロに達した。

最も難航したのがルートンのコンセッションであったが，結局，アベルティス社は2013年8月に，5億200万ユーロで運営権を売却してしまった。購入者となったのは，アベルティス社と共同でACDLを動かしてきたアエナ社とアクサ・プライベート・エクイティ（AXA Private Equity）社で，出資比率はそれぞれ51%と49%である。後者は1996年に設立されたフランスの新興ファンド会社であり，欧米・中国・インドを中心に金融・保険業からインフラ・ビジネスまで幅広く活動している。

アベルティス社によるルートンの運営権売却の原因は，利用者数の低迷ではなく，LBCとの間で起きた設備投資をめぐる考え方の違いによるトラブルであった。選定事業者であるLLAOLは毎年，設備投資を行ってきた。2011年の投資額は2,500万ポンドであった。また，コンセッションの開始から自治体に支払った総額は，2億1,000万ポンドに達した。2012年3月にマスタープランの原案が発表されたが，将来構想でいつまでに設備を拡張するかという点で，所有者であるLBCと意見対立が起きてしまった。

結果的に両者は和解した上で，2031年までコンセッションの契約期間が延長された。しかし，前述した通りアベルティス社は撤退し，アエナ社が新たなコンソーシアムを作って対応せざるを得ない状況に立たされた。この案件から，

以下のような教訓が導き出せる。第1に，マスタープランの作成を民間の運営者だけに任せるのか，所有者である自治体も関与すべきなのか。第2に，航空需要予測に不確定な要素が伴う中で，将来投資に関するリスクをいかに扱うべきなのか。第3に，事業者が入れ替わった時に，過去の計画通りに行動させるのか，新計画を再提出させるのか。まだ，ルートンのトラブルについて広く検証されていないのが実情である。今後，空港をはじめとする公的インフラを維持するために，契約内容やマスタープランの精査が欠かせない。

第3章　資金調達の多様化と持続可能性

3.1　インフラ事業と資金調達

　前章まで，インフラ事業の持続可能性確保のための多様な官民連携手法を検討してきた。インフラ事業は，固定設備への巨額の投資が必要で，費用逓減性を持つため，市場による供給が不足する可能性があること，公共性が高い事業であり，整備されれば社会資本として経済の供給力に好影響を及ぼすことなどから，伝統的に公共事業として政府がサービスを供給してきたが，人為的な独占の保護から生じる経営の非効率性や公共資金の浪費といった問題から，近年では規制緩和・民営化への政策転換が行われてきた。

　インフラ事業の運営では固定設備への投資のため，長期間巨額の資金が必要となるため，資金調達が重要な役割を果たす。さらに近年では，インフラ事業を成長のエンジンとして位置づける考え方も広まり，成長戦略ではインフラ事業へ如何に民間の知恵と資金を導入するかが注目されている。

　戦後日本のインフラ事業は，政府がサービスを供給する公共事業として行われてきた。復興期を経て「もはや戦後ではない」と1956年経済白書が宣言した1950年代半ばには急激な経済成長の結果，電力・道路・港湾・工業用水等のインフラ分野にボトルネックが生じるようになった。

　翌年1957年の経済白書が「インフラの拡充なしには円滑な経済成長の持続は難しいこと」を指摘し，同年12月の「新長期経済計画」では，交通のボトルネックを解消するためインフラへの継続的な投資，特に鉄道の拡張，道路の近代化が強調された。この時期以降，日本では巨額の設備投資が必要で，また経済成長にも資するインフラを政府が自ら事業主体を設立して整備することが

行われるようになってきた。インフラ事業を行うための公的セクターとして現在にまで残る特殊法人，独立行政法人のもととなる道路などの公団，公社等が次々に設立されることとなった（表3-1）。

これらの主体は，設立主体である政府が持ち分の多くを保有するとともに，政府の出身者が経営に当たることで，政府部門の別働隊として設立主体と密接な関係を持ちながら，「公平性」や「公共性」といった基準に基づく管理が行われてきた。

一方，前出の「新長期経済計画」では，「道路・鉄道・港湾の拡充，産業立地条件の整備等の民間で行うことが困難な分野については財政と財政投融資の役割が強調」され，事業主体の設置とともに，公的資金をインフラに重点配分するという方向性が定められた。

財政投融資は，その規模の大きさと活用される範囲の広さから第2の予算と呼ばれ，インフラ事業においても重要な役割を果たしてきた。戦後，投資資金が不足する中，政府が行う投融資活動への長期産業資金の供給元として，大蔵省理財局が郵便貯金や簡易保険，国民年金などの原資を運用する実質上第2の予算として機能してきた。高度経済成長を支え，国全体の不足する資金を重要なインフラに供給する役割を果たしてきた。その後，郵便貯金，国民年金積立

表3-1　主な交通関係の特殊法人等

空　　港	鉄　　道	道　　路
〈特殊法人〉 新関西国際空港株式会社 成田国際空港株式会社 〈指定法人〉 中部国際空港株式会社 〈独立行政法人〉 空港周辺整備機構	〈特殊法人〉 北海道旅客鉄道株式会社 四国旅客鉄道株式会社 九州旅客鉄道株式会社 日本貨物鉄道株式会社 東京地下鉄株式会社 〈独立行政法人〉 鉄道建設・ 運輸施設整備支援機構	〈特殊法人〉 東日本高速道路株式会社 中日本高速道路株式会社 西日本高速道路株式会社 首都高速道路株式会社 阪神高速道路株式会社 本州四国連絡高速道路株式会社 〈独立行政法人〉 日本高速道路保有・債務返済機構

（出所）　各種資料から筆者作成。

金等の預託は 2001 年の財政投融資改革により廃止され，財投債（国債），財投機関債中心の資金調達へ転換した（図3-1）。

　2013 年度の国の一般会計では，公共事業費は 5 兆円程度と一般会計全体の 5％程度であるが，公共セクターによるインフラへの資金供給手段は，一般財源に加え，特定財源，財政投融資，民間金融機関からの借入・債券引受，同じく財投機関である政府系金融機関（日本政策投資銀行，公営公庫）を経由した資金など，幅広く存在する。

　これら 1950 年代以降の政府主導によるインフラ事業ならびに資金供給手段の充実により，社会資本整備が大きく進んだ。交通分野の社会ストックは，道路 125 万 km，河川 12 万 km 等の水準に達し，総額ベースでは，700 兆円を超えるレベルまで整備（道路 234 兆円，港湾 4 兆円，空港 43 兆円）が行われた（40 頁の図3-2）。高度経済成長時代，インフラに限らず投資資金が不足するなか，政府がインフラ投資に優先的に資金を配分したことは，産業政策の一部として重要な役割を果たしたと評価ができる。

　一方，その後時代や様々な社会情勢の変化から，「公共事業」そして，政府主導の公共事業への資金供給のあり方にも，見直しの議論が行われるようになる。例えば，田中利幸氏は，著書のなかで，公共事業の課題として以下の 6 点を掲げている[1]。

① 地価上昇を中核とした右肩上がり経済システムの終焉，人口減少の中で公共事業による需要創出の将来効果が十分見込めなくなっている。
② 東名高速等の利用効率が高いインフラ事業から利用効率が低い事業へのシフトや国民の価値観の多様化などに伴いコンセンサスを得やすい事業が減少している。
③ 事業の長期化等により高コスト構造となっている。
④ 事業目的の比重が社会資本整備から雇用対策に移動している。
⑤ 公共事業の投資効果に疑問が呈され無駄な公共事業・高コスト批判が高まる中で政官業界の「癒着」・不祥事や談合・天下り問題などにより国民不信が増大している。
⑥ 社会保障費の財源不足と国家・地方財政の深刻化が一層進行し，公共事

第 3 章　資金調達の多様化と持続可能性　39

図 3-1　財政投融資のしくみ

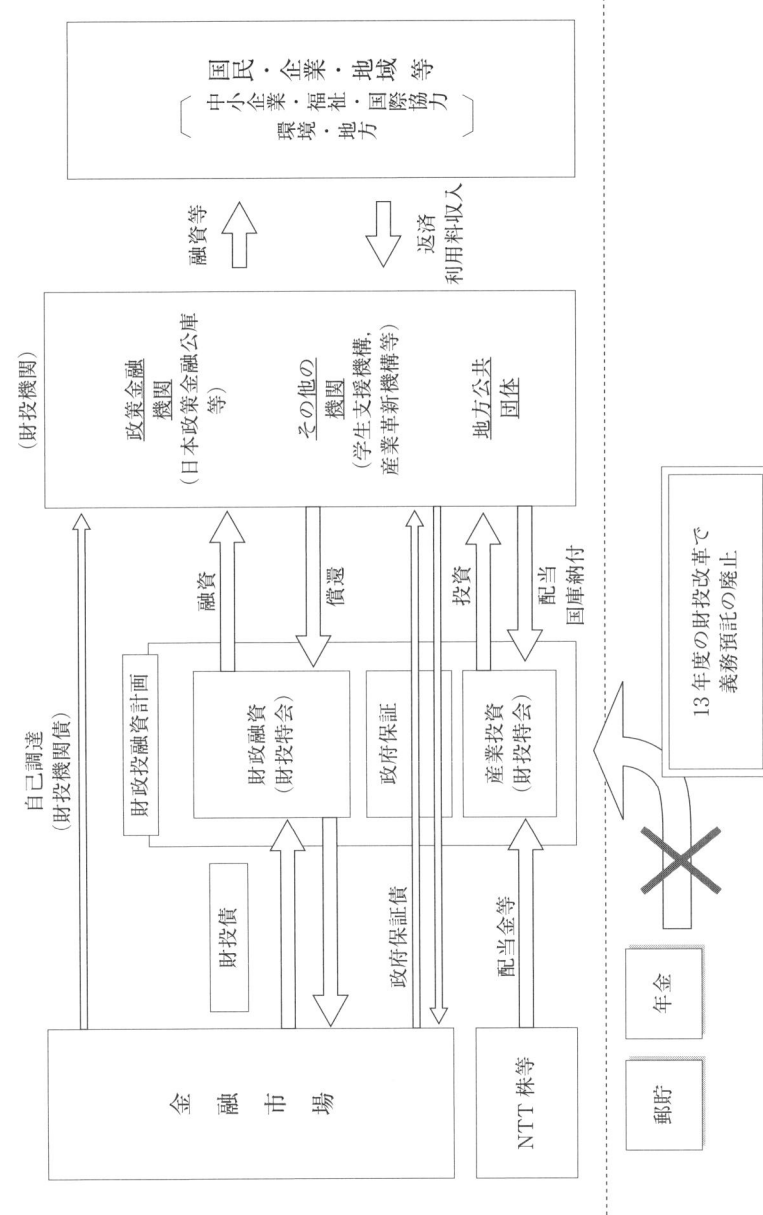

(出所)　財務省ホームページより。

図 3-2　日本の社会資本

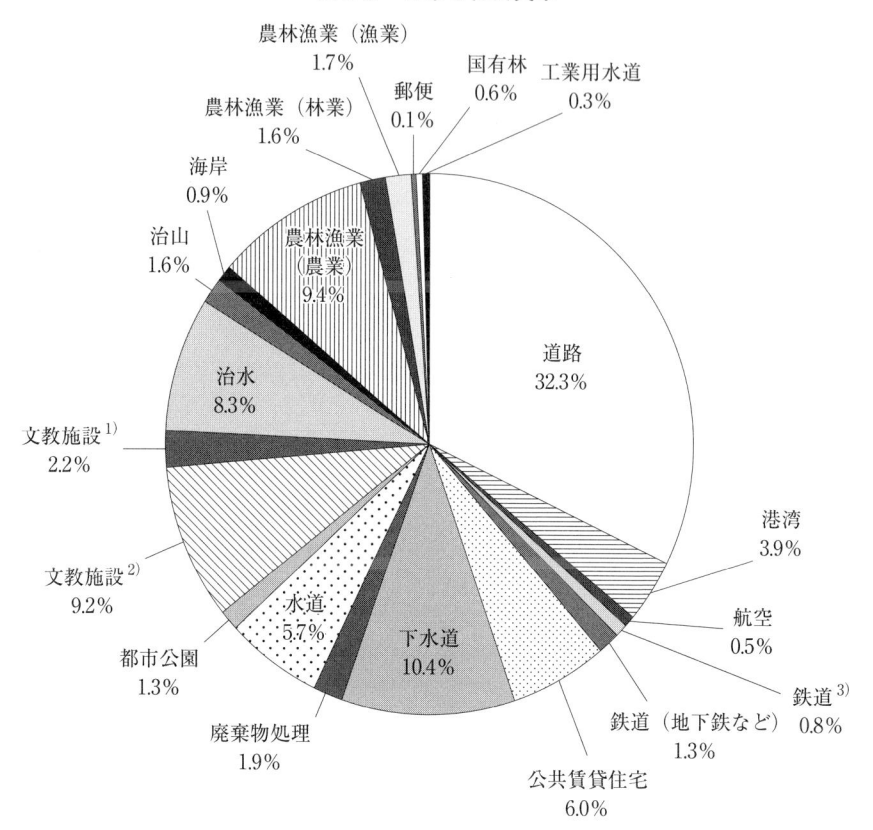

- 農林漁業（漁業）1.7%
- 郵便 0.1%
- 国有林 0.6%
- 工業用水道 0.3%
- 農林漁業（林業）1.6%
- 海岸 0.9%
- 治山 1.6%
- 農林漁業（農業）9.4%
- 治水 8.3%
- 文教施設[1] 2.2%
- 文教施設[2] 9.2%
- 都市公園 1.3%
- 水道 5.7%
- 廃棄物処理 1.9%
- 下水道 10.4%
- 公共賃貸住宅 6.0%
- 鉄道（地下鉄など）1.3%
- 鉄道[3] 0.8%
- 航空 0.5%
- 港湾 3.9%
- 道路 32.3%

（注）1)　社会教育施設，社会体育施設，文化施設を含む。　2)　学校施設，学術施設を含む。
　　　3)　鉄道建設・運輸施設整備支援機構などを含む。
（出所）内閣府 PFI 推進室。

業のための財源確保が困難となっている。

2002年には「構造改革と経済財政の中期展望（改革と展望）」を閣議決定し，「戦後50年以上にわたる社会資本の整備により国民生活の安全性や利便性は飛躍的に向上し，経済発展を支える産業的基盤も作られた一方，必要性の低い公共投資も行われ，公共投資の規模が欧米諸国等に比べ非常に高くその見直しが必要である」ことが指摘され，従来型の政府主導による公共事業の見直しの認識が示された。

3.2　交通インフラへの民間資金活用の試み

　高度経済成長期には交通のボトルネックを解消するため，政府が主体的にインフラ事業の整備に取り組んだ．さらに 1960 年代後半以降は，国民生活の質的な充実を求める声が高まり，赤字国債発行が恒常化することとなる．政府の資金不足が問題となり，これ以上の赤字国債の発行を抑えるため，社会資本の整備に積極的に「民間資金」を活用する試みが始まった．東京オリンピック，OECD 加盟を経て先進国への仲間入りを果たし，民間のノウハウも必要とされる地域・都市・開発，住宅・都市サービス，交通運輸などの分野へのサービス提供のため，自治体と民間企業の協働事業的な組織として第三セクター方式が採用されるようになった（図 3-3）．

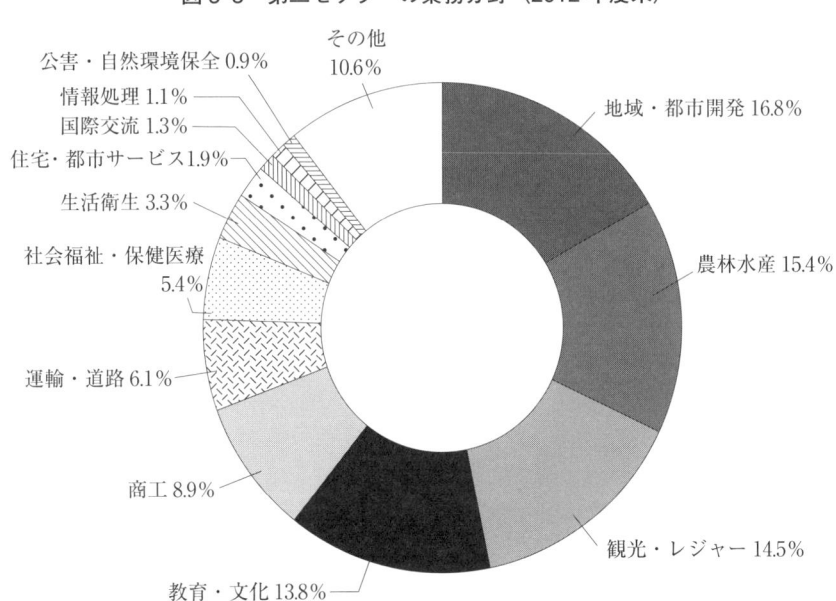

図 3-3　第三セクターの業務分野（2012 年度末）

- 公害・自然環境保全 0.9%
- 情報処理 1.1%
- 国際交流 1.3%
- 住宅・都市サービス 1.9%
- 生活衛生 3.3%
- 社会福祉・保健医療 5.4%
- 運輸・道路 6.1%
- 商工 8.9%
- 教育・文化 13.8%
- その他 10.6%
- 地域・都市開発 16.8%
- 農林水産 15.4%
- 観光・レジャー 14.5%

（出所）　総務省自治財政局公営企業課［2013］．

1986年に「民間事業の能力の活用による特定施設の整備促進に関する臨時措置法（民活法）」等が成立し，「民間事業者の能力を活用しつつ，産業基盤施設の整備等を促進することによって，内需振興による国民経済の健全な発展や輸入拡大等による国際経済交流の促進を図る」ため，第三セクターが数多く設立されるようになる（図3-4）。

第三セクターは，特例民法法人（特例財団法人，特例社団法人），旧商法法人（株式会社，特例有限会社）など様々な形態を取るが，概ね自治体からの出資比率が25％を超え，その経営層には自治体のOBや地域の関係者が就くケースが多い。そしてこれらの人々には第三セクターの「公共性の担保」や「行政補完的な業務」などが期待されている。さらに加えて，国庫補助金の交付，NTT株式売却益活用事業による（無利子・低利の）政策融資制度，公的融資

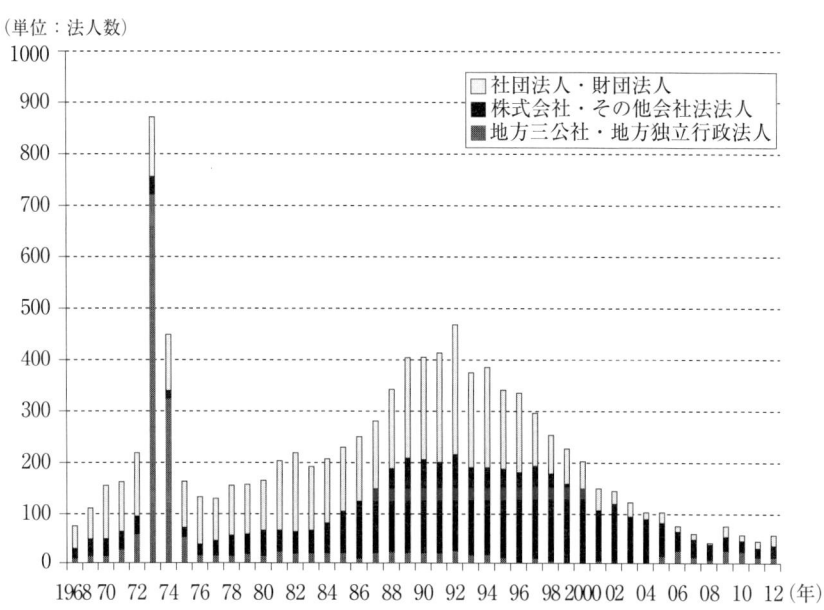

図3-4　第三セクター等の年次別設立数推移

（出所）　総務省自治財政局公営企業課［2013］に基づき作成。

に対する利子補給制度の活用，固定資産税などの減免という財政的な支援措置を得ることも同様に期待されている。一方「民間のノウハウを活用する」という観点から見れば，民間的な感覚による経営が存在したかについては疑問なしとはしない。

「リゾート開発」，「工業開発や臨界開発などの大規模開発」分野などの第三セクターに事業破綻，あるいは経営赤字による法人の解散や特別清算となるものがあらわれ始める。その一方で，第三セクターの資金調達のために自治体の出す「債務保証」，「損失補償」が自治体の標準財政規模の3倍にも及んだ，夕張市の「財政再建団体」のような事例が生まれる。2009年には「地方公共団体の財政の健全化に関する法律（地方公共団体財政健全化法）」が施行され，以降，自治体による「損失補償」は原則停止され，「第三セクター等改革推進債」を活用した第三セクターの抜本的改革が行われるようになる。

第三セクターは事業の地域における役割（公益性）への期待もあり，特に交通インフラの存廃については，地域住民に大きな影響を与えることから比較的慎重な検討が要請されてきたが，2000年代に入ると交通事業においても廃止の事例が出ることとなる。

桃花台新交通株式会社は，愛知県小牧市で新交通システムを運営していた第三セクターの鉄道会社である。1979年に愛知県，小牧市，その他地元企業の出資により設立され，1991年に桃花台線（小牧駅⇔桃花台東駅）を開業し営業を開始した（次頁の表3-2）。

桃花台線は，愛知県小牧市（人口約15万人）東部にある桃花台ニュータウン（当初計画人口5万4千人）と名鉄小牧駅を結ぶ7.4kmの路線。桃花台ニュータウンは名古屋市の北16kmにあるベッドタウンであり，ニュータウン建設計画と歩調を合わせた計画・建設が進められた。ニュータウンへの入居が開始される1年前に会社が設立され，12年後の1991年に営業を開始するが，開業時に計画人口は4万人に下方修正，実際の入居者数も1万5千人であった。会社設立時の1979年に行った需要予測では最大1日3万人の利用を見込んでいたが，開業年度の91年度は同年計画の9,100人を大きく下回る3,300人，その後も減少を続け，ニュータウン入居完了時の2001年には2,200人と当初予

表 3-2 桃花台新交通株式会社の概要

会社名称	桃花台新交通株式会社（第三セクター）
主要株主	愛知県 46％，小牧市 10％，名古屋鉄道 10％ほか地元企業
事業内容	旅客鉄道事業（新交通システム「桃花台線」の運営）
路線概要	桃花台線 小牧駅⇔桃花台東駅（7.4km）
会社設立・開業	1979 年 12 月会社設立，91 年 3 月に桃花台線開業。
資本金	30 億円
売上高	2 億 5,750 万円（2006 年 3 月期）
路線廃止・清算	鉄道事業は 2006 年 10 月に廃止され，09 年 3 月末に清算終了。

（出所）　各種報道・資料から筆者作成。

定の 15 分の 1 の利用者数にとどまり，開業以来一度も黒字とならなかった。会社はその後も大幅な繰越損失，債務超過状態となり，06 年には運営資金が底を付く見通しとなったこことから，「桃花台線の存廃検討・調査」が行われたが，赤字解消が困難なことや桃花台ニュータウンのさらなる人口減少の可能性等も勘案し，同路線は 06 年 10 月にわが国における新交通システム初の廃止例となった。

　事業破綻の原因は，①建設にあたり過大な需要予測が行われ，利用者の大部分となる桃花台ニュータウンにおける入居者が当初計画人口の 5 万 4 千人から大幅に下方修正され，開業時の実際の入居者数も 1 万 5 千人であったにもかかわらず，それらを適切に反映した需要予測と事業計画の見直しが行われず，巨額の投資が継続されたこと，②接続路線の名鉄小牧線が，名古屋方面へと向かう場合に不便だったこと，③JR 中央線や中央道経由の栄・名古屋方面の直通高速バスなどとの競合を需要予測で反映していないこと，④沿線に，ショッピングセンター等の集客施設がないこと，⑤小牧市内のみで完結する路線で沿線地域以外に住む人による利用が極めて少ないこと，⑥普通鉄道とは異なるシステムを採用しているため，車両本体や設備の部品を大量生産できず，製造コスト，維持管理費用が高止まりしたこと，などの理由が挙げられている。

　従来廃止された第三セクター鉄道は，過疎化や自然災害などにより経営状況

が悪化した路線が多いが，桃花台新交通は，大都市の名古屋市近郊の交通インフラであり，経営の非効率性が主要因となった点，今後の都市の交通インフラのあり方に教訓を残した事例となった。

交通インフラは，整備されれば地域住民の足として，生活の質の向上をもたらす。第三セクターは自治体の別働隊として民間資金を活用するので，自治体の負担を増やさないというメリットから，交通事業では多くの第三セクター方式が設立されてきたが，需要予測の妥当性の検証，事業環境の変化（ニュータウンの開発計画の下方修正）に対応した事業計画の見直し，利用者のニーズの検証（周辺開発や競合交通との関係），利用技術の検討（新交通システムの採用が妥当であったか？）など，事業経営にとっての基本的な判断が行われず金融機関からも自治体が関与する事業で損失補償もあったことから十分なチェック機能が働かなかった。

桃花台交通以後，廃止された都市交通の第三セクターはないが，追加出資，補助金投入など，関係自治体などからの公的資金の投入等により支えられているものが多く存在する。設置時からの社会環境の変化等，第三セクター毎に個別の事情はあるとしても，国，自治体財政が厳しくなる中で，従来通り公的資金の投入を続けることも難しくなってきている。経営・財務内容の透明化等の更なる情報公開などが要請されるとともに，経営責任の明確化や経営体制の改革，資金調達方法の多様化を行うことが急務となろう。

第三セクターは政府と民間事業者，地域の経済界の協働事業ということでは，昨今新たな官民連携方式として注目されるPPP（public-private partnership）の考え方を先取りしたものといえる。一方，株式会社形態で，民間企業が株主として参加したとしても，実質的な経営判断が行われなければ「形式」は「民間」・「PPP」でも，実態は目指すべき官民連携の姿からはほど遠い。

第1章で見た通り，「経営の非効率性や公的資金の浪費」を克服することができれば，第三セクターも生まれ変わることが可能である。適切な経営改善を行ったうえで後述するような資金調達手段の多様化を取り入れることで，柔軟な経営が可能となる。第三セクターは新たなPPP事業として生まれ変わる大きな可能性を秘めている。今後の自治体を中心とした地域のリーダーシップに

期待したい。

3.3　インフラファイナンスの多様化

　戦後日本ではインフラ整備と資金調達が政府主導で行われ，高度経済成長を支える社会資本の蓄積が実現した。税金，財政投融資，国債，地方債，公的セクター保証による民間借り入れなどにより資金調達を行い，特殊法人，地方公営企業，第三セクターなどがインフラ事業を行う定石パターンができた。また，1999年にはPFI法[2]が施行され，民間の資金，経営能力，技術力を活用することで，資金調達の多様化を目指す試みも始まった。

　それらは国や自治体の信用力を活用して調達したコストの低い資金により地方のインフラ事業を行うという仕組みであり，国民に対して「安く」インフラサービスを提供するという目的に沿ったものである。しかし一方で，国や自治体の過大な関与や資金面でのサポートが事業経営の緊張感を緩め，本来期待されたチェック機能も十分に働かず，事業の継続に支障を生じるものも出てくることとなった。

　高度経済成長下では表面化しなかった，個々の事業におけるこれらの課題は，少子高齢化という社会構造の変換に伴う労働人口の減少と社会保障費の増大による国と地方の厳しい財政状況により，ますます厳しさを増すことになろう。先達の努力により整備されたインフラ資産が十分な機能を発揮できず，国民に対して優良なインフラサービスを提供することができなくなる可能性も否定できない。

　今後，事業の継続性を担保し，インフラを成長の起爆剤として活用するためには，多様な資金調達手法を導入し，事業のガバナンスを確保するための新陳代謝的な取り組みが求められることになる。

　資金調達の多様化のためには，わが国のインフラにおける従来型の資金調達手法とは，異なる特徴を有する資金へのアクセスも求めることとなる。従来型の資金調達では，前述の通り，特殊法人であれ，公営企業であれ，第三セクタ

ーであれ究極的には，事業の直接の実施主体ではない国や自治体の信用力に依拠して資金調達が行われてきたという特徴がある。

特に，わが国においては伝統的に銀行を中心とする間接金融の伝統があることから，これらの事業主体においても，銀行融資もしくは金融機関の引受というデット性資金による間接金融による資金調達が中心であった。しかしながら，90年代以降の金融自由化の流れもうけ，民間資金の活用に関しては，資本市場を活用する手法を中心に急速にメニューが拡大している。

したがって，従来政府の信用に依拠して資金調達が行われてきたインフラ事業においても，資本市場的な直接金融ないし国や自治体の信用力からはある程度独立し，プロジェクト自体の信用力で資金調達が行われる①プロジェクトファイナンス的なデットもしくは，②エクイティ的な資金調達が志向されることになる。グローバルな，インフラ事業への民間資金の調達方法としては，次章で説明する「インフラファンド」が，最もポピュラーな資金調達方法であるが，次節では，本邦でも既に事例が存在する①「インフラ事業証券化」，②「J-REIT」について簡単に説明を行うこととする。

3.4 インフラ事業証券化とJ-REIT

(1) インフラ事業証券化

証券化とは，ある特定の資産が生み出す将来のキャッシュ・フローを裏付けとして発行された証券に対して，投資家が投資を行う仕組みである。住宅ローン，自動車ローンやクレジットカード等の債権を対象とする資産担保証券（Asset Backed Security：ABS）が代表的なものであるが，対象資産から生まれるキャッシュ・フローの予見可能性が高く，ある程度の金額の大きさがあるものであれば何でも証券化が可能である。例えば，デビッド・ボウイ[3]の楽曲著作権を対象とした資産担保証券さえ存在する。

地域社会に不可欠なサービスを独占的に提供し，安定的で予見可能性が高い

キャッシュ・フローを持つ交通インフラは，事業証券化（Whole Business Securitisation。以下，「WBS」）に馴染みやすいことから，有料道路事業の証券化が行われている。図3-5はオリジネーター（元保有者）である香港特別行政区政府（「SAR政府」）が，2004年に自ら保有する「5つの有料のトンネルと1つの橋（以下，「有料道路資産」）」を裏付けとして行ったWBSの事例である。SAR政府は，自らの持つ有料道路資産の通行料収受権をSAR政府財政司司長（財政長官）が出資して設立したSPC（特別目的会社）の「香港リンク2004 Ltd.（以下，「香港リンク」中国語：五隧一橋有限公司）」に実質上移転し，「香港リンク」が発行した債券を投資家が引き受けて，SAR政府は有料道路事業を続ける（事業は後述の通り民間事業者に委託する）仕組みである。SAR政府は本証券化の結果として，60億香港ドルの資金を調達することができた。

証券化は，インフラファンドとは異なり，金融手法としての性格が強いことから，導入する際にはその手法の特徴（表3-3）と事業の性格をよく理解して

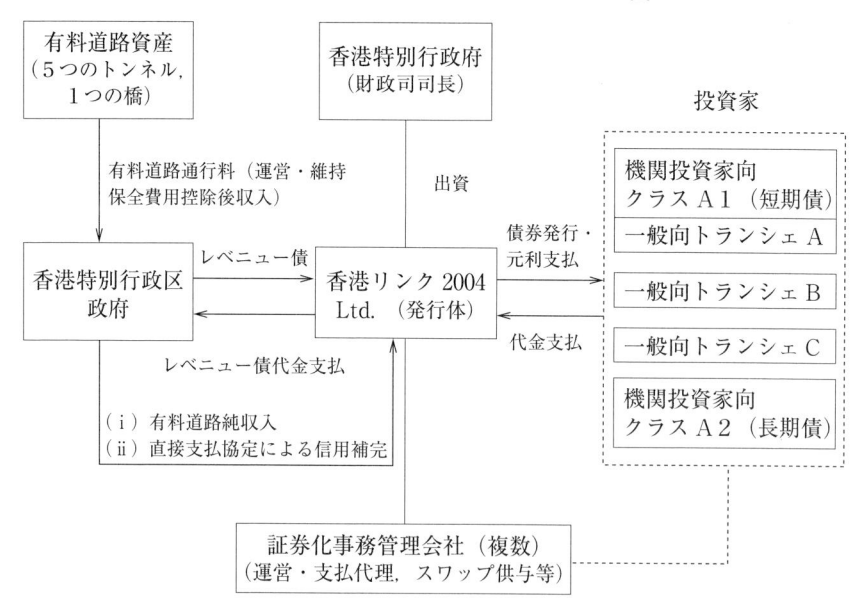

図3-5　香港リンク2004 Ltd.のスキーム図

（出所）「Hong Kong Link 2004 Limited（香港五隧一橋有限公司）目論見書」に基づき筆者作成。

表 3-3　証券化の特徴

メリット	デメリット
【調達コスト削減】 オリジネーターの信用力が低くても，キャッシュ・フローを生み出す優良資産の価値の評価なので，資金調達コストが削減でき，有利な資金調達が可能となる。 【リスク移転】 企業から投資家へ資産を売却することで，資産のリスクを移転可能。 【オフ・バランス化】 対象資産のオフ・バランス化が可能。 【手元資金増加】 資産売却によりキャッシュを手に入れることが可能。 【投資家にとってのオーダーメード性】 投資家のニーズに合わせてのストラクチャリングが可能であり，結果として良い市場条件での売却が行われやすい。 【透明性】 資産の特性が規格化されており，投資家にとってリスクがわかりやすい。 【分散投資効果】 プーリング（複数資産のバンドリング）を利用することにより，ポートフォリオ理論における「分散投資効果」を活用したリスク分散が可能。	【ストラクチャリング費用】 通常の融資等と比べ，仕組みが複雑なため，弁護士，会計士，税理士，格付会社等の専門家を採用するため特別な費用がかかる。 【オリジネーター・サービサーリスク】 証券化の仕組み自体は，資産のキャッシュ・フローの増加に結びつかないため，優良資産でない資産が証券化されたり，事業の改善が伴わない場合，投資家にとってのリスクが通常の融資などよりも高くなる可能性もある。特に劣後部分への投資の場合のリスクは，資産の劣化の影響を受けやすい。 【透明性】 原資産にデリバティブなどの複雑な仕組みを組み合わせて組成されたり，複雑な内部信用補完構造を持つ証券化の場合リスクの判断が難しい。 【外部信用補完の限界】 グローバル金融危機発生時に，証券化等に対し信用補完を行って来たモノライン（金融保証専業会社）自体が財務悪化した事例のように外部信用補完は必ずしも万能ではないこと。

(出所)　筆者作成。

進めることが必要である。SAR 政府は証券化手法により自らのインフラ資産に民間資金を導入したが，同時に，インフラ事業の管理・運営は国際的に行政サービスサポート事業を展開する英国サーコ社香港法人などが行うことで，インフラ事業の運営の効率性が担保されている点は注意すべきである。すなわち証券化の機能は，金融手法を使って，資金を流動化することであるので，事業の継続性，持続可能性については別途適切な手当てを行わなければ実現しない可能性もあることを認識する必要がある。公共事業の資金調達手段として考えた場合に，証券化それのみでは事業のガバナンスの改善までには結びつかず，

形式上証券化だけが行われた場合，当初は証券化が可能であったとしても，その後事業運営が悪化した場合には，格付けの低下等を通じて事業のリファイナンスが困難となるばかりか，外部信用補完を行う政府本体へ悪影響を及ぼす可能性もある点については留意が必要である。

プーリングなどにより大数の法則が働きやすいローン債権の証券化などとは異なり，インフラ事業の証券化では，キャッシュ・フローの安定性と事業の永続性の確保がカギである。十分な体制（事業経験やノウハウの豊富な民間事業者の選定）整備やオリジネーターである政府によるモニタリングなどが行われずに，モラルハザードが生じて事業が破綻した場合でも，投資家はオリジネーターに遡及することができないため，事前・事後の情報開示が重要である。

わが国においては，政府が保有する交通インフラ事業での証券化の適用例は，現時点ではないが，三井観光開発（現，グランビスタホテル＆リゾート）が所有する熱海ビーチラインの証券化が2002年に行われた。

(2) J-REIT

投資家から見た場合，証券化がデット型の投資商品であるのに対し，J-REITはエクイティ型の投資商品である（図3-6）。日本においては2000年の「投資信託および投資法人に関する法律（改正投信法）」施行により不動産の証券化が本格化し，上場REITとしてのJ-REITが2001年9月から2銘柄でスタートした。2014年5月末現在で46銘柄が上場し，時価総額は8.2兆円，世界第3位の規模となっている。証券市場を通じて投資家から集めたエクイティ性資金と金融機関から借り入れたデットを，投資先物件の不動産に投資し，売買益や賃借料などの収益を投資口を購入した投資家に分配する仕組みである。J-REITは基本的にキャッシュ・フローを生み出す不動産を投資対象としており，オフィスビル，住宅，商業施設等への投資が中心であるが，最近ではホテルのように運営主体のオペレーション能力が収益力を決定するオペレーショナルアセットや，物流施設等に投資を行うJ-REITも登場するようになってきた。

図3-6 J-REIT の仕組み

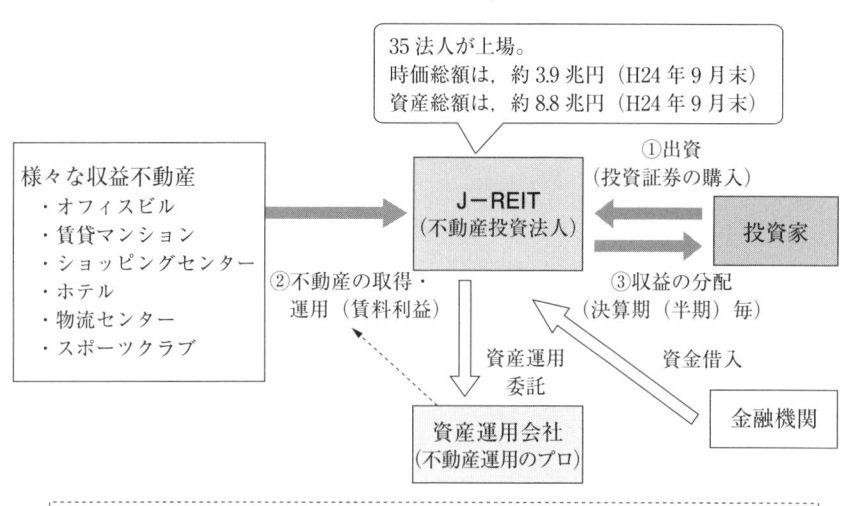

```
35法人が上場。
時価総額は,約3.9兆円（H24年9月末）
資産総額は,約8.8兆円（H24年9月末）
```

様々な収益不動産
・オフィスビル
・賃貸マンション
・ショッピングセンター
・ホテル
・物流センター
・スポーツクラブ

J－REIT（不動産投資法人）

投資家

①出資（投資証券の購入）
②不動産の取得・運用（賃料利益）
③収益の分配（決算期（半期）毎）

資産運用委託

資産運用会社（不動産運用のプロ）

資金借入

金融機関

※ 課税については，利益の90%超を配当することにより，J-REIT の利益には課税されず，投資家の受け取る収益に対して課税が行われる仕組みとなっている。

(出所)　国土交通省土地・建設産業局作成「不動産・インフラ投資市場活性化方策に関する有識者会議」資料より。

　2007年に上場した産業ファンド投資法人（IIF：Industrial & Infrastructure Fund Investment Corporation）は，三菱商事 UBS リアルティが運用するJ-REIT である。36件の投資ポートフォリオには，航空機の格納庫，地域冷暖房施設，港湾地域で自治体が土地を所有していた物流倉庫への投資も含まれ，インフラ，PRE（公的不動産：Public Real Estate）という新たな分野を切り開いた。

　産業ファンドのインフラ，PRE案件への着眼点は「長期契約により収益が安定している」点であるが，これは反面「立地」に裏打ちされた収益力並びに「テナントの信用力」が重要であることを示している。

　羽田メインテナンスセンターでは，J-REIT と利用者の JAL との間で，15.4年という長期の賃貸借契約が結ばれていることに加え，立地面では同社の基幹空港の1つである羽田空港に立地することで，航空機整備が賃貸借契約期間にわたり長期安定的に行われることが期待される。テナントは日本を代表する航

表3-4 IIF羽田メインテナンスセンター

物件名	IIF羽田空港メインテナンスセンター
資産の種類	不動産
所在地	東京都大田区羽田空港三丁目5番1号,2号
賃貸面積	81,995.81㎡
取得日	2008年2月29日
取得価格	41,110百万円
賃貸借期間	2010年8月10日～2025年12月31日
テナント名	株式会社日本航空インターナショナル

【本物件の写真】

左：IIF羽田空港メインテナンスセンター1（M1）
右：IIF羽田空港メインテナンスセンター2（M2）
（出所）産業ファンド投資法人ホームページ。

空会社の日本航空であり，万が一何らかの事情で日本航空が当該格納庫を利用しなくなったとしても，世界第5位の旅客数を持ち，外国航空会社も含め数多くの航空会社が就航する羽田空港に立地しており，投資の安心度は比較的高い（表3-4）。

　現時点で日本でインフラに投資を行う J-REIT は，産業ファンド投資法人のみだが，米国には MLP（Master Limited Partnership）と呼ばれるエネルギーインフラ（パイプライン，天然資源貯蔵施設など）を投資対象とする REIT に類似した投資商品が存在し，米国の金融商品取引所（NYSE や NASDAQ など）で取引されている。

（注）
1) 田中［2010］p.132 より。下線は筆者加筆。
2) PFI 法は正式には「民間資金等の活用による公共施設等の整備等の促進に関する法律」（平成11年7月30日法律第117号）をいう。
3) 英国のロック・スター。

第4章　インフラファンド活用への期待

4.1　インフラファンドとは

「インフラファンド」とは「インフラ」，すなわち交通（道路，鉄道，空港，港湾），環境・エネルギー（上下水道，電力・ガス等），通信，社会インフラ（学校・研究所，高齢者施設・病院，刑務所等）などに長期の投資を行うファンドである。投資対象であるインフラ資産の所在国，セクター，グリーンフィールド・ブラウンフィールドの別などにより生じるリスクの違いにより要求されるリターンも異なり，投資家のニーズを反映して投資目的に応じ異なるインフラファンドが組成されている。

グローバルなインフラマーケットで，事業者もしくはエクイティ性資金の供給者として主導的な役割を果たすプレイヤーは，インフラファンドと年金基金が挙げられる。インフラファンドは年金基金などの投資先として1990年代半ば以降，豪州を中心に始まり，2000年代前半までに欧州・米州・韓国などのPPP/PFI先進国に急速に広がった。

インフラファンド市場は，過去20年間に急速な成長を遂げ，2012年末時点で335件，20兆円を越えるインフラファンドが設定されインフラ事業への投資が行われている（図4-1）。

その背景として主に以下の3つの理由が挙げられる。

① インフラ所在国側に，インフラファンドを活用する投資ニーズが存在した。すなわち先進諸国を中心に，インフラ資産の更新投資需要の拡大や財政事情の悪化に応じた財政負担軽減のため，民間資金を活用しようというニーズが高まったこと。

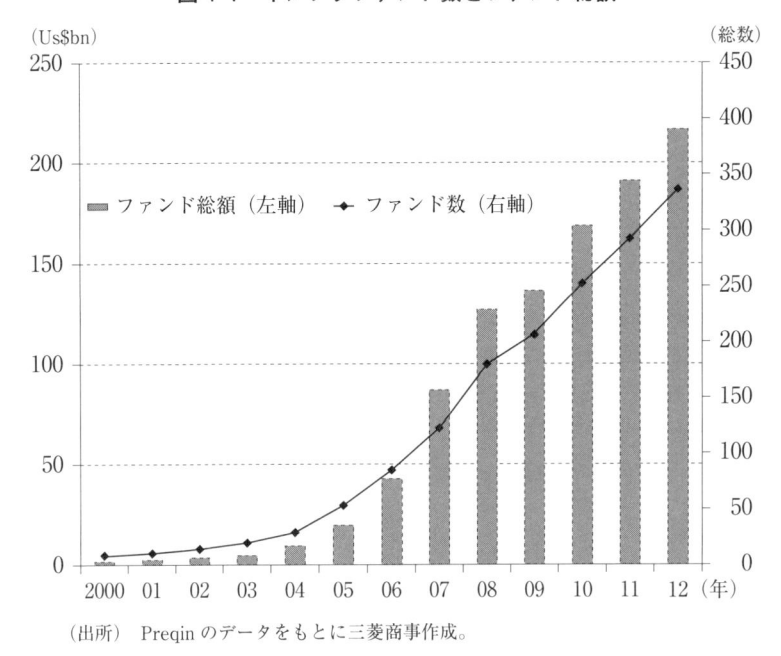

図4-1　インフラファンド数とファンド総額

(出所) Preqin のデータをもとに三菱商事作成。

② この民間資金の導入が，単に従来の枠組みの財政資金の量的代替として行われただけではなく，インフラファンドの持つ「民間の知恵」を活かして，質的にもインフラ事業の運営効率を高め，「付加価値創造」が実現された。そして，従来「公的管理」で行われていたインフラ事業の自律性・継続可能性が高まり，受益者（＝インフラの費用負担者）からの評価が高まったこと。

③ この時期にインフラ投資を行う年金基金の運用面での投資ニーズ（＝長期資金の供給ニーズ）が高まったこと。

以上の3点であるが，特に年金基金には，1) 長期にわたって投資を行い安定的で予見可能なキャッシュ・フロー（インカムゲイン）を得ることを必要とする，2) 一度に大きな利益や資産価値の増大を必要としない代わりに，資産価値の大きな毀損についても極端に嫌う，3) 他のアセット・クラスのリター

ンとの相関が比較的低い投資を好む，4）インフレとの連動性が高い資産への投資を志向する，という性格がある。そしてこれら年金基金のニーズとインフラファンドの提供する条件が符合したことで，インフラファンドを通じたインフラ投資への関心が高まり，2004年以降インフラファンドの組成が急速に拡大した。

インフラファンドを通じて，インフラ投資の経験を積み，ほぼ期待通りの成果を得たことに加え，近年では伝統的なアセット・クラスである株式・債券等の不振から，実物資産への関心が高まりつつある中で，豪州・カナダなどの年金基金には運用資金のうち10％を超える割合でインフラ投資を行うものも出現している（表4-1）。

結果として，巨大規模の資金を長期間にわたって必要とするインフラの運営は年金基金や機関投資家等の長期的な資本提供によって支えられることとなり，年金基金とインフラファンドはインフラ投資にとっての二大投資プレイヤーとして不動の位置付けが確立した。一方，年金基金，機関投資家にとって地域経済の基盤を担う大型インフラ資産は，安定的で確実な投資収益をもたらす運用機会と考えられ，なくてはならない投資商品として位置付けられることとなった。

4.2　インフラファンドの仕組み

インフラファンドは投資家から資金（エクイティ）を集めてインフラ事業に投資を行い，その運用実績に応じた配当（リターン）を投資家に配分するという仕組みである。決まった期日に定額の金利を支払う銀行預金や国債とは異なり，ファンドの場合は予め投資家と約束した運用目的等に基づく運用成績によって支払われる額が変わる可能性があるため，運用目的とインフラファンド運用会社（もしくはGP：ゼネラル・パートナー）の役割が重要である。

インフラファンドの運用目的には，①インフラ事業に資金を投じて中長期に安定的な収益を得ることを主な目的とする，②ビジネスモデルを工夫し積極的

表 4-1 世界の年金基金ランキング (2011 年 7 月)

順位	年金基金名	国	インフラ投資実績 (100万米ドル)	運用資産 (100万米ドル)	インフラ投資割合 (%)
1	CPP Investment Board	カナダ	9,877	144,958	6.8
2	OMERS	カナダ	8,101	55,238	14.7
3	Ontario Teachers' Pension Plan	カナダ	8,283	111,307	7.4
4	TIAA-CREF	米国	5,900	453,000	1.3
5	Australian Super	オーストラリア	5,669	44,891	12.6
6	ABP	オランダ	5,508	384,012	1.4
7	ATP Lifelong Pension	デンマーク	3,500	140,000	2.5
8	Construction and Building Industries Superannuation Fund	オーストラリア	2,203	18,170	12.1
9	FUNCEF	ブラジル	2,155	27,848	7.7
10	Public Sector Pension Investment Board	カナダ	2,146	52,599	4.1
11	Stichting Pensioenfonds Zorg en Welzijn (PGGM)	オランダ	1,829	140,517	1.3
12	Pension Danmark	デンマーク	1,515	19,065	7.9
13	Korean Teachers' Credit Union	韓国	1,432	16,000	9.0
14	Teacher Retirement System of Texas	米国	1,425	108,000	1.3
15	Railways Pension Trustee Company	英国	1,352	27,144	5.0
16	Universities Superannuation Scheme	英国	1,273	51,094	2.5
17	Bayerische Versorgungskammer	ドイツ	1,165	77,673	1.5
18	Fonds de Réserve pour les Retraites	フランス	1,130	52,253	2.2
19	Postens Pensionsstiftelse	スウェーデン	863	18,567	4.6
20	Uni Super	オーストラリア	739	32,065	2.3

＊投資実績開示先のみ。インフラ投資には，直接投資・ファンド投資を含む。
（出所） Preqin 調べ。

に付加価値創造を行い資産価値の保全を図る，などの「事業の安定継続性・中長期の成長を志向する」ものが多いという特徴がある。

　事業やキャッシュ・フローの安定性が特徴である一方，事業のパフォーマンスによって投資家の取り分があまり大きく変わることがない証券化や REIT と比べる（「3.4 インフラ事業証券化と J-REIT」参照）と，より事業の成長を重視している点が異なる。

　ストラクチャーはどの国にファンドを設置するか，主にどの国の投資家からどのようなお金を集めるかによって異なるが，投資案件と資金の出し手を仲介する機能（以下「金融仲介機能」）を持つインフラ資産運用会社が，投資家，銀行等の債務性資金の出し手や会計・税務・法務等の専門家と相談しながら決める。年金基金等の投資家は LP（リミテッドパートナー）としてエクイティ資金を拠出するが，インフラファンドの成功にはこれらの投資家の投資意欲とともに，資産運用会社の果たす役割，実力が重要となる。

　図 4-2, 4-3 の通り，インフラファンド運用会社はインフラファンド（実際にはファンドの株主である年金基金等の投資家等）の委託を受けて，インフラファンドに対してアドバイスを提供するが，その中には「運用目的」を策定し着実に実行するための様々な実務が含まれている。

　このように公共主体によるインフラファイナンスとインフラファンドでは，行動原理が大きく異なることとなる（60 頁の表 4-2）。

　民間の知恵と資金を活用するためには，民間事業者が実力を発揮できるような仕組みづくりが大切であるが，それは政府による①制度設計，②市場との対話，③市場への適切な情報開示である。この点については，さらに第 11 章で詳細を検討することとする。

図4-2 インフラファンドの投資ストラクチャー

◇生損保,年金,銀行といった主要機関投資家から幅広く資金を集めるのが一般的。
◇国内投資家の資金のみであることが多いが,海外投資家からの資金も集める場合には,タックスヘイブンに置かれたビークルを経由させることもある。

```
スポンサー企業                投資家
                        (年金生保等の機関投資家)
        │                  │         │
        │      GP出資       │  LP出資
        ↓                  ↓
インフラ資産運用会社  →   インフラファンド
              運用目的に沿った
              アドバイスなどのサービス
                      │   │   │   │
                      ↓   ↓   ↓   ↓
          インフラ事業会社 インフラ事業会社 インフラ事業会社 インフラ事業会社
           (投資先)      (投資先)      (投資先)      (投資先)
```

(出所) 筆者作成。

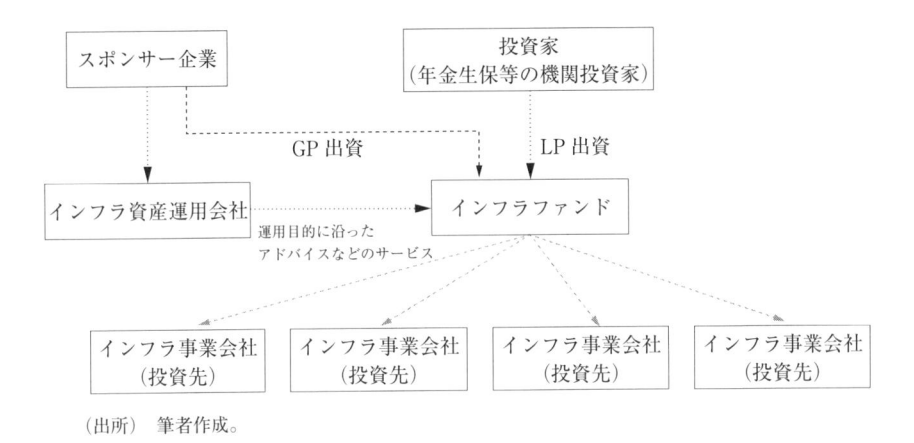

図4-3 インフラ事業における基本スキーム

◇リスク負担の原則:リスクを「安く」コントロールできる者が当該リスクを負担する。

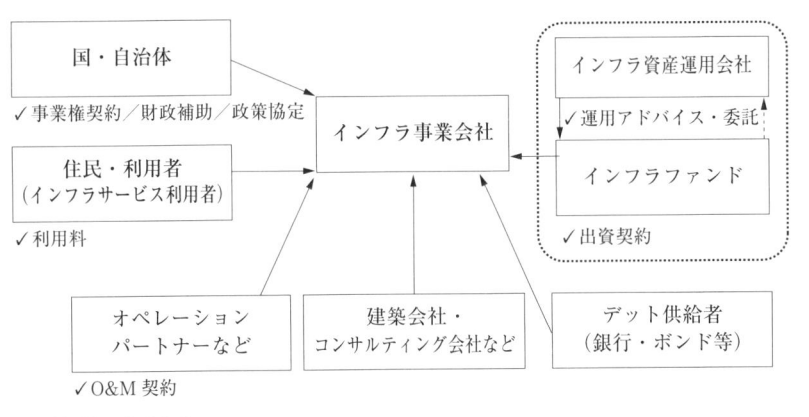

```
国・自治体
✓事業権契約/財政補助/政策協定              ┌──────────────┐
                              │  インフラ資産運用会社   │
住民・利用者          インフラ事業会社  ← │ ✓運用アドバイス・委託  │
(インフラサービス利用者)              │  インフラファンド     │
✓利用料                          │  ✓出資契約         │
                              └──────────────┘
オペレーション    建築会社・       デット供給者
パートナーなど   コンサルティング会社など  (銀行・ボンド等)
✓O&M契約
```

(出所) 筆者作成。

表4-2 公共主体ファイナンスとインフラファンドの比較

	公共主体ファイナンス	インフラファンド
ビジネスプラン，経営改善	◆ 経営の観点から見た場合，公社や第三セクターなどには，事業経営に精通した人材はあまりおらず，適材適所の人材配置も行われない傾向が強い。	◆ 経営・事業・財務などのプロが属しており，事業のパフォーマンス改善のために積極的に働きかける努力を行う。
モニタリング	◆ 補助金等は法律等に基づき用途等につき，厳しい査定が行われるが，一度支出された後は，会計検査院などにより用途が正しく使われているかの検査はされるものの，財務上の成果や事業改善が行われているか等についての検査はあまり重視されない。	◆ 投資家と事前に約束した「運用目的」に従いビジネスプランを策定し，事業の成長を通じて収益を上げ，投資家に対して成果の配分を行うため，投資対象に対して継続的なモニタリングとともにPDCAサイクルに基づいた改善が行われる。
設備投資	◆ 単年度予算主義の制約から，年度や事業期間の途中で事業環境が変化しても柔軟に資金調達及び投資を行い，ビジネスチャンスを活かすことが難しい。	◆ 事業環境変化等に応じて，適時に必要な資金調達，設備投資を柔軟に行いサービスレベルを改善してビジネスチャンスを活かすことが可能。

（出所）筆者作成。

4.3 代表的インフラファンド事例

インフラファンドは4.1で見た通り，投資対象の所在国，セクター，グリーンフィールド・ブラウンフィールドの別などにより分類されるが，投資家へのアクセスの方法によりさらに大きく2つの類型，すなわち，上場インフラファンド，私募（非上場）インフラファンドに分かれる。以下では上場インフラファンド，非上場インフラファンドの代表事例を紹介する。

(1) 上場インフラファンド

インフラファンドは1990年代後半以降，豪州の投資銀行のマッコーリー・グループ（Macquarie Bank Group）が積極的に取り組むことで急拡大した。豪州証券取引所（以下，ASX）において上場ファンド制度が整えられるのと歩調を合わせて，マッコーリーは当初，私募形式で組成したインフラファンドを株式市場に新規上場（以下，IPO：InitialPublic Offering）させる出口戦略を組み合わせて，積極的に上場インフラファンドを組成し，市場を発展させた。94年にシドニーの高速道路のHills MotorwayをASXに上場させたのを皮切りに，MIG（豪州，カナダ等の有料道路へ投資：96年上場），MAP（豪州，欧州等の空港へ投資：2002年上場）等の上場インフラファンドを多数組成し，ASXに上場した。さらには母国での実績を活かして国際展開し，発祥の地である豪州のみならず，欧州，米国，韓国，中国等で交通インフラ資産の取得を進め，豪州，米国，韓国，シンガポール等で上場ファンドを幅広く展開し，インフラファンドの老舗的な投資銀行としてユニークな地位を築いている。

上場インフラファンドへの投資は，①上場市場を通じた流動性の確保，②中長期的に安定したリターン（ディフェンシブ性），③個人投資家を含む多くの人々，特に地域住民への投資機会等のメリットがあることから人気を集め，同じく豪州のBabcock Brownなど2000年代以降，上場インフラファンド市場へ参入する数は急増した。しかし，上げ潮局面でのブームの反動と金融危機の発生に伴い，株式市場全体と共に上場インフラファンドのパフォーマンスも大きく下げ，想定されたディフェンシブ性やファンドによる分散効果等の特徴は働かなかった。

実際には，投資先のインフラ資産自体のパフォーマンスは，景気後退局面においても大きく下げなかった。しかしながら金融危機に先立つインフラ投資ブームにおいて，一部のファンドマネージャーは，インフラ資産を本来の価値以上の高値で取得したり，銀行から潤沢なデットの借入れが可能であったことからインフラファンドの資金調達に過大なレバレッジを利用していたため，金融危機による急速なデット市場の縮小とインフラファンド市場価格の急速な下落

により，有利子負債比率等の指標が悪化して，債務の借り換えができなくなった。

結果として Babcock Brown は2009年3月に破綻し，マッコーリーの運用するファンドも一部の資産の売却やファンドの非上場化等のリストラを迫られ，上場インフラファンドは新たな時代へ突入した。ただし，これら一部のインフラファンドの破綻を以て，上場インフラファンドの仕組みに欠陥があると早合点することは避けたい。逆の見方をすれば，金融危機を乗り越えて存続している上場インフラファンドは，逆境を越えて体質強化を行い，さらに魅力的な投資対象として生き延びたことになる。2013年時点で，交通インフラに投資を行っている上場インフラファンドは，21存在する（表4-3）。

ここで，交通インフラに投資を行う上場インフラの代表例として，マッコーリー韓国インフラファンド（MKIF：Macquarie Korea Infrastructure Fund）を取り上げる。MKIF は，マッコーリーが設定した上場インフラファンドである（64頁の表4-4）。当初は非上場ファンドとして設立されたが，06年に韓国証券取引所（KRX）にインフラファンドとして初めて IPO を果たした。

MKIF の組成においては，マッコーリーは自らの得意分野である交通インフラにターゲットを絞り，アジア金融危機で民間資金を必要としていた韓国政府と協力しながら市場友好的な PPI（Private Participation Infrastructure）制度を整備し，民間の知恵が発揮できる仕組みを作った。したがって，それまでほとんど民間資金が活用されていなかった韓国の公共インフラを，年金基金などの投資対象としてプロデュースした功績は大きい。地場の大手銀行の新韓銀行と合弁でファンド運用会社を設立し，交通インフラに特化し，2013年時点では11の有料道路と港湾，地下鉄に投資を行っている（64頁の表4-5）。

MKIF の投資対象のインフラ事業はそれぞれ30年程度のコンセッション期間を持っており，MKIF の設立に当たっても母国豪州等での経験とノウハウを活かし，韓国の機関投資家から資金調達を行っている。ファンド運用会社のメンバーで GP の役割を持つマッコーリーと新韓銀行グループに加え，韓華生命，Newton Investment Management，教保生命などの機関投資家が主要な投資家として参加している。韓国では，日本に先立つこと10年，いち早く年金基

表4-3 主な上場交通インフラファンド

取引所	ファンド名	設立時期（年）	主な投資実績
ASX	Asciano Group	2007	豪州のコンテナ港湾・鉄道
ASX	Australian Infrastructure Fund	1997	豪州等の空港
ASX	Bris Connections	2008	豪州の有料道路
ASX	Macquarie Atlas Roads	2010	英国・フランス・米国の有料道路
ASX	Qube Logistics	2007	豪州の港湾・鉄道・物流施設
ASX	Sydney Airports	2002	豪州の空港
ASX	Transurban Group	1996	豪州・米国の有料道路
KRX	Macquarie Korea Infrastructure Fund	2006	韓国の有料道路, 港湾, 地下鉄
NYSE	Brookfield Infrastructure Partners	2008	豪州の鉄道, 欧州・中国の港湾, ブラジル, チリの有料道路
NYSE	Macquarie Infrastructure Company	2007	米国の空港
NZX	Infratil	2001	NZのバス会社, 交通系ICカード
SGX	Macquarie International Infrastructure Fund	2005	中国の港湾, 高速道路
SGX	Hutchison Port Holdings Trust	2011	中国の港湾
LSE	3i Infrastructure pls	2007	英国の鉄道
LSE	Eredene Capital	2005	インドの港湾
LSE	HICL Infrastructure Company	2006	オランダの鉄道, 英国の道路
LSE	International Public Partnership Ltd	2006	欧州・豪州の鉄道
LSE	John Laing Infrastructure Fund	2010	英国の高速道路
LSE	PME African Infrastructure Fund	2007	南アフリカの鉄道
LSE	Vietnam Infrastructure Limited	2003	ベトナムの港湾
SET	BTS Rail Transit Growth Infrastructure Fund	2013	タイの鉄道

（出所）　各社ホームページから筆者作成。

金等の投資家に自国のインフラ投資という魅力的な投資機会を提供し，国家の財政負担を減らしかつ成長戦略にも資する民間活用戦略を実現した。日本でも，2011年のPFI法改正により漸くコンセッション方式による独立採算型インフラ事業への民間投資の道が開かれたが，韓国と比べ日本は周回遅れで，残念な

表 4-4　MKIF の概要

ファンドの設定	2002 年 12 月設立。2006 年 3 月上場（韓国証券取引所・ロンドン証券取引所）
インフラファンド運用会社	マッコーリー新韓インフラ資産運用会社
投資実績	韓国の交通インフラ資産（有料道路 11, 地下鉄：1, 港湾：1）
関係法令	PPI 法, 間接投資資産管理ビジネス法（IIAMBA）
主な機関投資家	韓華（ハンファ）生命, 新韓（シンハン）フィナンシャルグループ, Newton Investment Management, 教保（キョボ）生命, マッコーリーグループ

（出所）　MKIF 投資家説明会資料（2013 年 5 月）などから筆者作成。

表 4-5　MKIF による交通セクターへの投資

案　件　名	タイプ*	開業時期（年）	コンセッション期間
白楊トンネル（釜山市）	BF	2000	25 年間
仁川国際空港高速道路	BF	2000	30 年間
光州第二環状道路第 1 セクション	BF	2001	28 年間
水晶山トンネル（釜山市）	BF	2002	25 年間
光州第二環状道路第 3-1 セクション	BF	2004	30 年間
牛眠山トンネル（ソウル市）	BF	2004	30 年間
天安・論山間高速道路（忠清南道）	GF	2002	30 年間
馬昌大橋（慶尚南道）	GF	2008	30 年間
龍仁・ソウル間高速道路	GF	2009	25 年間
ソウル・春川間高速道路	GF	2009	30 年間
ソウル地下鉄 9 号線	GF	2009	30 年間
仁川大橋	GF	2009	30 年間
釜山新港フェーズⅡ・Ⅲ	GF	2012	29 年 3 カ月

＊ BF：Brownfield, GF：Greenfield
（出所）　MKIF 投資家説明会資料（2013 年 5 月）などから筆者作成。

がら大きな機会損失を負っていると言わざるを得ない。

(2) 非上場インフラファンド

次に非上場インフラファンドの代表例として，ゼネラル・エレクトリック（GE）と投資銀行クレディスイスが中心になり，2006年7月に設立されたグローバル・インフラストラクチャーズ・パートナーズ（GIP：Global Infrastructure Partners）を取り上げる（次頁の図4-4）。

当該ファンドには，三菱商事も戦略パートナーとして2007年から参加し，2.5億ドルの巨額投資を行い人員も派遣している。非上場インフラファンドのGIPは，上場市場を経由せずパートナーシップ契約を世界中の年金基金と結んで資金を集めている。

2013年現在で2本の非上場インフラファンドを運用する。08年にクローズした第1号ファンド（56.4億ドル）に続き，12年には金融危機後の厳しい資金調達環境下にも関わらず第2号ファンドで82.5億ドルを集めて，単独のインフラファンドとしては世界最大規模となった。当該ファンドはOECD諸国を中心に交通・エネルギー等の案件への投資に強みを有しているが，交通案件では特に空港・港湾に特化しインフラファンドの投資対象としては，比較的ポピュラーな道路に投資を行わない点に大きな特徴がある（67頁の表4-6）。

GIPは金融系のインフラファンドとは異なり，現場重視，成長志向のアプローチを取る。GEとの合弁である強みを活かし，GEでシックスシグマを実践してきたエンジニアをチームに多く抱え，製造業の現場における事業改善モデルをインフラファンドの現場に持ち込んだ。ハンズオンで事業の改善を図り，ロンドン・シティ空港への投資案件など，インフラファンドの成功事例として世界の年金基金等の投資家から高い関心と資金を集めている。空港事業の先進事例として，日本政府関係者，研究者からの注目度も高い。

空港や港湾のようなサービス集約型の事業においては，シックスシグマなどを用いて現場のオペレーション改善を図ることが有効と考える一方，自らの強みが十分に生かせないと考える有料道路案件は投資対象としていない。このよ

図 4-4 GIP の概要

独立系インフラ投資の専門家であるGIPの特色

経験豊富で、調和のとれたチーム
- 豊富な経験を持つバランスの取れたチーム。
- 業界及びオペレーションのエキスパート

投資戦略
- エネルギー、交通、水、廃棄物
- 独占性の高いオリジネーション
- 大規模かつ支配権を前提とする投資
- 高クオリティ、低リスクの資産。
- OECD諸国を中心とした全世界。

規律ある投資行動
- 確立した評価手法
- 規律あるプライシング
- 慎重なレバレッジの活用
- 独立したリスクマネジメント
- 多様な出口戦略

オペレーションによる価値創出
- 経験豊富なリーダーによって構成される専門チーム
- 業界セクターごとに最良のマネジメント
- パフォーマンス改善を目的とした、最新の業界経営手法の活用実績

トラックレコード
- 業界リーダーとしての確固たるレピュテーション

沿革

GIPは、2006年にCredit Suisse及びGeneral Electricの前シニア・エグゼクティブによって設立されました。

設立当初より、高い専門性と業界最高レベルのオペレーションマネジメントを一体化することにより、優れたリスク調整後リターンを産み出す独立系インフラストラクチャーファンドとして、投資先企業・施設のサービスの質及びパフォーマンス向上を目指してまいりました。

GIPの投資先からの年間収入は36億ドル、従業員は7,600名にのぼります。

拠点は、ニューヨーク、スタンフォード(コネチカット)、ロンドン、シドニー。

(出所) GIPホームページ、各種資料から筆者作成。

表 4-6　GIP による交通セクターへの投資実績

案件名	所在国	セクター	投資時期(年)	概　　要
London City Airport	英　国	空　港	2006	ロンドンの金融街のカナリーワーフ・シティの至近に位置する特性を生かし，ビジネス客を主要顧客とする空港。欧州，英国，米国の主要ビジネス都市48カ所へ就航。
Gatwick Airport	英　国	空　港	2009	英国第2位の空港。単一滑走路空港としては世界一の離発着回数を誇る空港。年間利用者数は3,400万人。
Edinburgh Airport	英　国	空　港	2012	英国第2の都市でスコットランドの首都エジンバラの玄関空港，英国第6位の空港で利用者数は920万人。
Port of Brisbane	豪　州	港　湾	2010	豪州第3位の港湾。取扱貨物量は3,800万トン。うち，コンテナ取扱量は100万TEU。
Great Yarmouth Port Company	英　国	港　湾	2007	英国東部の海洋・河川港湾。北海南部のオフショアエネルギー産業に特化。英国港湾のうちベネルクス3国に最も近い港湾。
International Trade Logistics	アルゼンチン	港　湾	2008	アルゼンチン最大のコンテナターミナル。シンガポールの港湾運営会社のPSAインターナショナルとの合弁事業。
Terminal Investment Limited	世界各地	港　湾	2013	親会社の船会社 Mediterranean Shipping Company（MSC）のために，30カ所のターミナルを運営する世界第6位のコンテナ埠頭運営会社。MSCは，世界第2位のコンテナ船運営会社で，454隻のコンテナ船を運用する。GIPはインフラファンドLP参加者との共同投資により，MSCからTILを取得した。

（出所）　GIP ホームページ，各種資料から筆者作成。

うな明確な投資方針により機関投資家の信頼を高めるとともに事業付加価値を創造し，投資家に対して良好なリターンを提供することで巨額の投資資金を集めることを可能にした．

4.4　進化するインフラ投資

　前節では1990年代後半以降インフラファンド市場が順調に成長を続けたが，約15年後にインフラファンド市場が2つの試練に直面したことについて述べた．
　第1は，2007年から始まった金融危機の中で，デット市場の急速な収縮のあおりを受けて，リファイナンス（負債の借換）が困難となり，一部のインフラファンドに破綻するものがでることとなった．
　第2には，金融危機の進行により上場インフラファンドの株式価格が急落したことで，インフラファンドに投資を行って来た年金などの機関投資家から，運用会社の管理報酬の高さに対する批判やファンドのガバナンスに対する批判が相次いだことである．
　このような市場環境の変化に伴い，インフラ投資市場にも新たな動きが起こるようになる．従来から代替投資への取組みに熱心で，かつ自らもインフラ投資専門チームを内部に抱えるカナダや豪州などの年金基金を中心に，2000年代後半からインフラファンドを経由しない直接投資という独自の投資戦略を打ち出すようになる．上場インフラファンドを丸ごと買収するケース（表4-7）もあれば，GIPによるガトウィック空港取得のように韓国国民年金，豪州Future Fund，アブダビ投資庁との共同投資という形態を取る事例も出ている．
　年金基金にとってインフラファンド経由で投資を行うメリットは，①案件ソーシングの有利さや，②自らスタッフを抱えないで済むことなどがあるが，一方前述の通り，①ファンド運営会社の課するフィーが高いことや，②自ら望むポートフォリオを組みにくいなどのデメリットもある．
　このような背景から，従来よりインフラ投資に活発なカナダの年金基金の1

表 4-7　年金基金による上場交通インフラファンドの買収事例

インフラファンド	年度	上場インフラファンドからの買収事例の概要
Intoll Group	2010	カナダ年金基金投資委員会（CPPIB）は，Macquarie Infrastructure Group（MIG）からリストラ分離された豪州の有料道路資産である Intoll Group を買収し上場廃止。
ConnectEast Group	2011	英国大学退職年金制度（USS），オランダ公務員総合年金基金（APG），デンマーク労働市場付加年金（ATP），韓国国民年金公団（NPS）等の年金コンソーシアムが買収し上場廃止。

（出所）　各種報道・資料から筆者作成。

つの OMERS（Ontario Municipal Employee Retirement System：オンタリオ州公務員年金基金（次頁の表 4-8））は，2012 年北米・欧州諸国の大型インフラ投資を目的としたグローバル戦略投資アライアンス（Global Strategic Investment Alliance：GSIA）を立ち上げた。GSIA は，世界の年金基金を中心メンバーとして投資総額 200 億米ドル（約 1.7 兆円）を目指すインフラ投資家の連合体で，OMERS が主導する。

参画メンバーは，GSIA を通して主に北米，欧州諸国において空港，鉄道，港湾，電力送・配電，ガスパイプラインなど，事業価値にして 20 億米ドルを超える大型インフラ事業へ投資を行うこととなるが，本件は世界の年金基金が連合を組んでインフラ投資を推進する先駆的な取り組みとなった。GSIA には企業年金連合会，国際協力銀行，みずほ銀行，三菱商事が参加し，三菱商事の子会社が運営管理会社として日本からのインフラ投資資金の取りまとめを行った（次頁の図 4-5）。

本プログラムを通じて日本の投資家は，インフラへの直接投資の機会を得ることが出来るようになった。現状日本国内では，インフラへの投資機会は限られており，この枠組みを通じて実物資産の 1 つであるインフラ投資の機会を得ることができた意義は大きい。本件は従来のインフラファンドとは異なり，「共同投資クラブ」の枠組みであり，誰でも自由に参加できるというものではない。

表 4-8 OMERS(カナダ・オンタリオ州公務員年金基金)の概要

名　　称	Ontario Municipal Employee Retirement System(本社はトロント)
設　　立	1962 年
構成員	42 万人(警察,消防,救急,学校職員等)
運用資産額	550 億米ドル(2011 年 12 月末時点)
特　　徴	▶インフラ資産への投資規模は 96 億米ドル(約 8,000 億円)で,総運用資産の約 15%(2011 年 12 月末時点)にあたる。年金業界のインフラ投資では世界のトップ 3 に入る実績を有する。 ▶OMERS のインフラ投資は,インハウスのインフラ投資専門チームである Borealis Infrastructure を通じて直接投資を行う。交通分野では英国の港湾(ABP),英国の高速鉄道(HS1)などへの投資実績がある。 ▶OMERS 子会社の ADC-HAS Airports Worldwide は,2013 年 10 月スペインのインフラマネジメント会社 Abertis Infraestructuras S.A. から TBI plc ならびにベルファスト国際空港等の空港ポートフォリオを買収した。

(出所) OMERS ホームページ,各種資料から筆者作成。

図 4-5 GSIA の概要

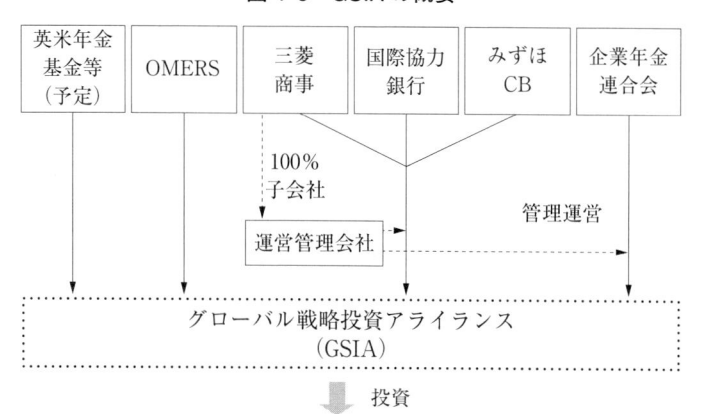

(出所) 三菱商事プレスリリースより。

まとまった金額をインフラに投資できることが条件であり，インフラ投資での経験と知見がある三菱商事が日本からの25億ドルのインフラ投資資金をまとめたことで，日本の機関投資家はこの世界最大規模の75億ドル（発足当時）の投資アライアンスへの参加が可能となった。世界的にも優良なインフラ投資への投資機会は限られているなか，日本の投資家がインフラ投資に多くの実績もある世界的年金基金の雄であるOMERSが主導するアライアンスへ参加して優良なインフラ投資へのアクセスを得ることとなった。

現時点での投資実績は，米国ミシガン州の天然ガス火力発電所買収案件（2013年7月）とエネルギー案件のみで，交通案件の実績は未だ無いが，Borealisには英国の高速鉄道HS1コンセッション案件への投資実績があり，また，OMERS子会社には空港運営会社のADC&HAS Airports Worldwide（第2章2.4節参照）もあり，将来的には交通案件への投資も期待される。

日本の機関投資家のリーダーの1つである企業年金連合会がインフラ事業へ大規模な投資を実行するのは，今回が初めてのことであり，歴史的意義がある取組みである。伝統的なアセット・クラスである株式・債券等の不振から運用難に直面する中，近年「実物資産」としてキャッシュ・フローが比較的安定しているインフラ投資に興味を持つ国内の投資家は増え，経済産業省等が2010年に国内の投資家向けに行った「インフラファンド投資意向調査」でも，40％弱がインフラ投資への興味を示している[1]。

機関投資家が自国のインフラ資産へ直接投資を行える韓国には未だ遅れるものの，遅まきながら，日本でもようやくインフラが投資対象として現実味を帯びることになった。

日本国内の市場環境の変化から運用サイドのニーズとして，インフラ投資に対する関心も高まっている。日本取引所グループは2013年5月，「東京証券取引所上場インフラ市場研究会」がまとめた報告書を発表し，「民間資金を活用したインフラ運営が進展することが見込まれる中，上場インフラ市場を育成することを期待する」として，2015年度をめどに上場インフラ市場を創設する検討に入ったと発表した。さらには2013年11月に「公的・準公的資金の運用・リスク管理等の高度化に関する有識者会議」報告書がまとめられ，年金積立金

管理運用独立行政法人（GPIF）等に対し，インフラ，不動産等への投資を検討するよう提言が行われた。アベノミクスの異次元金融緩和に伴うインフレ期待の中，GPIF等が引き続き安定的に収益を確保していくために，従来の国債偏重の投資戦略の修正が迫られることとなった。デフレ局面では確定利付で信用力が高い国債は相対的に有利な運用対象と考えられていたが，2％の物価上昇が実現すれば低利の国債に大きく依存する現行の運用構造はリスクが高くなることから実物資産であるインフラ等のリスク資産への分散が求められた。

　海外で経験を積んだ民間事業者により民間インフラファンドが日本で設立されることで，日本のインフラにも世界水準の「経営」が導入される。また，「世界水準のインフラ投資商品」が日本に現れることで，国内や海外の機関投資家の分散投資ニーズに応えることとなり，日本の金融市場に厚みが加わることが期待される。

　ここで仮説だが，日本国内にグローバルレベルのインフラ投資機会があった場合に，どれだけの年金基金が国内のインフラに投資を行う可能性があるかを考えてみたい。2013年現在，わが国の年金基金等残高は約290兆円（公的・準公的資金210兆円，企業年金80兆円）であるが，将来的に日本の年金基金が上述のグローバルな年金基金同様にインフラファンドへの投資を行うようになった場合に，地域分散も勘案して中長期的に5％をインフラ投資に振り向けるとすれば，表4-1（57頁）の世界の年金基金トップ20の運用残高の2兆ドルと合わせた490兆円のうち25兆円のエクイティ資金性資金が，日本のインフラマーケットに投入されることとなる。5割の株式債務比率で試算すれば，50兆円の民間資金が日本のインフラ事業で活用されることとなる。

　もちろん，上記は「世界水準のインフラ投資商品」が本邦に存在することが前提となるが，50兆円の民間によるインフラ投資は一般会計予算90兆円の半分強に相当する規模であり，安倍政権の目指す成長を伴う財政再建のための大きな原動力となる。現在，公的インフラへの民間資金の活用はほとんど行われていないが，それ故に本格的に取り組んだ場合の効果も期待される。わが国においても，早急にインフラファンドを活用するための官民が連携した取組みを強める必要がある。

(注)

1) 経済産業省委託調査：野村総研「平成22年度アジア産業基盤強化等事業（インフラ整備のためのインフラファンドの活用促進調査）」より。2009年調査では関心を有する年金基金等の合計は36％であったのに対して，2010年には39.1％になっており，1年間で3％ポイントの増加が見られる。ただ，関心を有する年金基金等の3/4は，「詳しくは知らない」と答えており，具体的な調査や投資を行っている投資家は全体の10％強であるという調査結果がでている。

第Ⅱ部

民力を活かす交通インフラ

第5章　LCC参入に沸く航空
第6章　民営化で変わる空港
第7章　都市力を高める道路

第 5 章　LCC 参入に沸く航空

5.1　LCC のビジネスモデル

　LCC は「ロー・コスト・キャリア」の略語であり，一般に「格安航空会社」と呼ばれている。個々のキャリアによって戦略が異なるので，的確な日本語をあてることは難しいが，「低費用航空会社」と訳す方が適切だという指摘もある。英語でも「ロー・フェアーズ・エアライン」，「ノーフリルズ・エアライン」，「バジェット・エアライン」など様々な表現がとられている。それに対して，従来からの航空会社は「レガシー・キャリア」，または「フルサービス・エアライン」と呼ばれ，一国を代表する時には「フラッグ・キャリア」，「ナショナル・フラッグ」と称されることもある。

　米国のサウスウェストが LCC の原型を築いたと言われるが，同社は基本的に国内線キャリアである。欧州ではライアンエアーとイージージェットが，域内の航空自由化と冷戦終結を契機として，近距離国際線で新たな需要を創出し，急速に成長してきた。近年はアジア太平洋地域のみならず，中南米においても新たな LCC が出現している。設立された経緯や需要層の特性に違いがあるので，ビジネスモデルはすべての点で画一的というわけではないが，以下の諸点が一般的な特徴としてあげられる。

① 使用機材を特定の機種に絞り込み，メンテナンス費用を抑える。
② ボーイング B737 やエアバス A319，A320 などの中型機で，高い搭乗率を維持する。
③ 定時運航のできる地方空港やセカンダリー空港を利用する。
④ 折り返しに要する時間を 30 分程度に抑え，機材の利用頻度を高める。

⑤ 4時間以内の中短距離路線でポイント・トゥ・ポイント運航を行い，乗り継ぎ便を手配しない。
⑥ チケットはインターネットで販売し，運賃は簡明かつ弾力的に設定する。
⑦ チェックインは機械で対応するなど，人件費を削減する。
⑧ 座席は自由席で，ビジネスクラスを設定しない。
⑨ ドリンクやスナックを提供する場合，有料とする。
⑩ 貨物室は基本的に使用しないか別料金で，機内持込み手荷物も制限する。

　多くのLCCは独立的な立場をとっているので，レガシー・キャリアが加盟しているグローバル・アライアンスには加盟していない。しかし，2012年にエア・ベルリンとNIKIがワン・ワールドに加盟したように，単独で路線を張るのではなく，レガシー・キャリアとの協力の下で生き残ろうとするLCCも見られる。また，後述するように，レガシー・キャリアの子会社やフランチャイズの機能を果たしているキャリアが，グローバル・アライアンスに参加する場合もある。

　先進国のレガシー・キャリアは「ナショナル・フラッグ」として，自国に拠点となるハブを構え，そこを中心に路線を張ってきた。小規模なLCCやリージョナル専門のキャリアも，それに近い形で特定の都市に根付いているケースが多い。それに対して，大規模なLCCは本社機能とは関係なく，複数の都市に拠点を置き，ポイント・トゥ・ポイントの運航を展開している。多くの路線が4時間以内の中短距離で，多頻度運航を繰り返すので，旅客数データでは上位にランキングされる。逆に，運行距離のデータではレガシー・キャリアの方が上位に立つ。表5-1は2012年の定期便旅客数であるが，国際線では欧州に拠点を置くライアンエアー，イージージェット，エア・ベルリン，国内線では米国のサウスウェストが世界の上位10社に入っていることがわかる。

表 5-1　定期便旅客数の上位 10 社（2012 年）

国際線

順位	航空会社	旅客数（千人）
1	*Ryanair*	79,649
2	Lufthansa	50,877
3	*easyJet*	44,601
4	Emirates	37,733
5	Air France	33,693
6	British Airways	31,273
7	KLM	25,775
8	United Airlines	24,843
9	*Air Berlin*	23,179
10	Turkish Airlines	22,381

国内線

順位	航空会社	旅客数（千人）
1	*Southwest Airlines*	112,234
2	Delta Air Lines	94,712
3	China Southern Airlines	79,529
4	United Airlines	67,776
5	China Eastern Airlines	67,578
6	American Airlines	65,057
7	US Airways	47,883
8	Air China	42,551
9	All Nippon Airways	38,344
10	Qantas Airways	35,089

合　計

順位	航空会社	旅客数（千人）
1	Delta Air Lines	116,726
2	*Southwest Airlines*	112,234
3	United Airlines	92,619
4	American Airlines	86,335
5	China Southern Airlines	86,277
6	*Ryanair*	79,649
7	China Eastern Airlines	79,611
8	Lufthansa	64,393
9	US Airways	54,238
10	Air France	50,636

（注）　イタリックは LCC を意味する。
（出所）　IATA のデータに基づき筆者作成。

5.2　欧州で躍進した LCC

　LCC がグローバル・アライアンスに加盟することは例外的であるが，欧州では事業者団体 ELFAA（European Low Fares Airline Association）が存在し，

表 5-2 欧州 LCC の基本データ

航空会社	国	雇用者数（人）	旅客者数（百万人）	搭乗率（%）	便数/日	相手国	目的地	路線数	機材数
easyJet	イギリス	8,446	59.2	88.9	1,200	33	137	638	213
Flybe	イギリス	3,300	7.2	57.7	514	15	73	161	98
Jet2.com	イギリス	1,885	4.7	88.4	115	22	54	196	43
Norwegian	ノルウェー	2,550	17.7	80.0	400	33	125	335	69
Ryanair	アイルランド	8,500	79.6	82.0	1,500	28	174	1,500	305
Sverigeflyg	スウェーデン	140	0.8	73.0	60	8	20	24	10
transavia.com	オランダ	1,218	5.8	89.8	117	25	112	146	31
Voloteal	スペイン	230	0.6	n.a.	n.a.	9	54	83	9
Vueling	スペイン	1,692	14.8	77.7	240	18	58	92	53
Wizz Air	ハンガリー	1,500	12.0	85.7	215	29	83	254	39

航空会社	使用機材	平均使用年数
easyJet	A320=56, A319=157	4.0
Flybe	E190=12, E195=14, E170=2, E175=9, Bombardier Q400=47, ATR42=2, ATR72=12	4.6
Jet2.com	B757-200=11, B737-300=28, B737-800=4	21.0
Norwegian	B737-800=60, B737-300=9	6.0
Ryanair	B737-800=305	3.0
Sverigeflyg	Saab 340=4, Saab 2000=2, ATR72/500=3, BAE/ATP=1	16.1
transavia.com	B737-800=21, B737-700=10	8.5
Voloteal	B717=9	n.a.
Vueling	A320=51, A319=2	7.8
Wizz Air	A320-200=39	3.3

（注）旅客数、搭乗率は 2012 年 1 月～12 月、その他は 2012 年 12 月時点の数値。
（出所）ELFAA のデータに基づき筆者作成。

現在は表 5-2 のような 10 社が加盟している。これ以外に非加盟の LCC も存在するが，イージージェットとライアンエアーという大手 2 社の旅客者が多いので，2012 年の総数は 2 億人を超える。搭乗率については，使用している機材にバラつきのあるフライビーと，新規就航したばかりでデータのないボロテアを除くと，平均で 83％に達する。

航空自由化に関しては，EU レベルの政策問題として取り扱われるので，小規模なキャリアが多い LCC が中心となり，公平な競争を前提とする制度設計を求めるために，2003 年に ELFAA が設立された。イージージェットとライアンエアーも設立当初は，極めて小規模な航空会社であった。グローバル・アライアンスには，マイレージや乗り継ぎ便手配など利用者へのメリットが多いが，この団体は利用者に対して低料金でサービスが提供できる環境を整えることを狙いとしている。

ライアンエアーとイージージェットの 2 社に注目すると，図 5-1 と図 5-2（次頁）

図 5-1　ライアンエアーの拠点空港と路線数

（出所）　Ryanair, *Full Year Results 2012*.

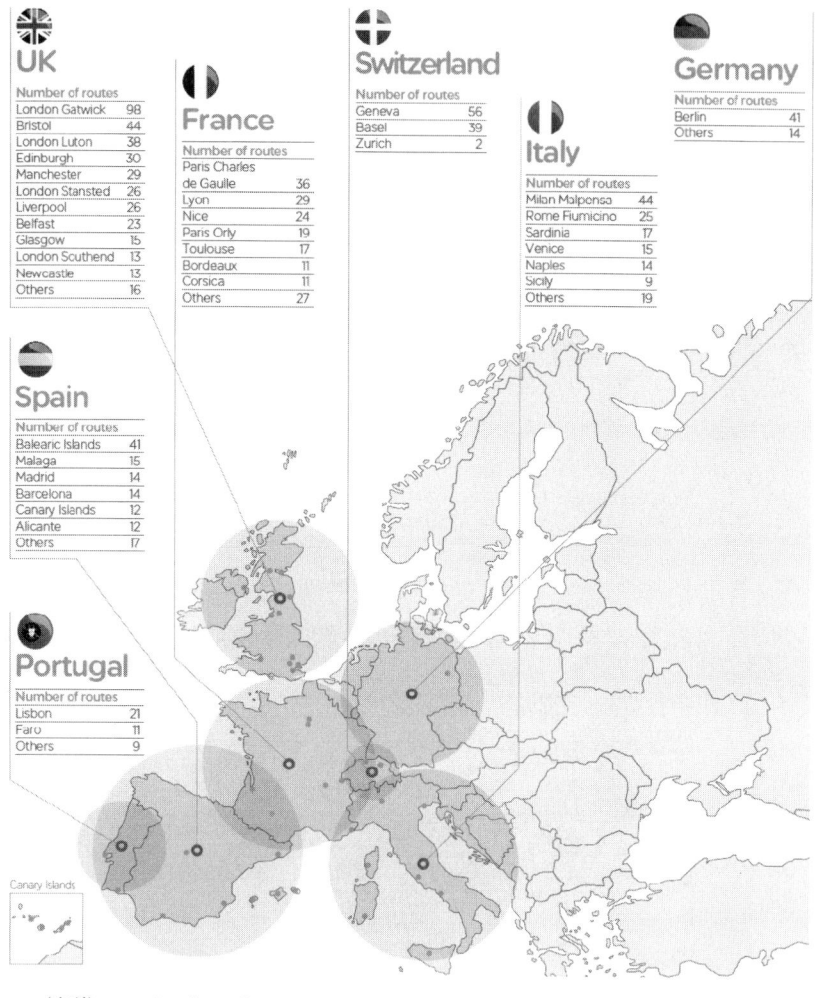

82　第Ⅱ部　民力を活かす交通インフラ

図5-2　イージージェットの拠点空港と路線数

UK
Number of routes
London Gatwick	98
Bristol	44
London Luton	38
Edinburgh	30
Manchester	29
London Stansted	26
Liverpool	26
Belfast	23
Glasgow	15
London Southend	13
Newcastle	13
Others	16

France
Number of routes
Paris Charles de Gaulle	36
Lyon	29
Nice	24
Paris Orly	19
Toulouse	17
Bordeaux	11
Corsica	11
Others	27

Switzerland
Number of routes
Geneva	56
Basel	39
Zurich	2

Italy
Number of routes
Milan Malpensa	44
Rome Fiumicino	25
Sardinia	17
Venice	15
Naples	14
Sicily	9
Others	19

Germany
Number of routes
| Berlin | 41 |
| Others | 14 |

Spain
Number of routes
Balearic Islands	41
Malaga	15
Madrid	14
Barcelona	14
Canary Islands	12
Alicante	12
Others	17

Portugal
Number of routes
Lisbon	21
Faro	11
Others	9

Canary Islands

（出所）　easyJet, *Annual report and accounts 2012.*

から欧州域内に多数の拠点を作り，全域をカバーするような路線を設定してきたことがわかる。これらはポイント・トゥ・ポイントで運航されているが，結果的には欧州を網羅するネットワークになっている。レガシー・キャリアが過去に，ナショナル・フラッグとして保護・育成されてきたのに対して，LCC

はベンチャー型の民間企業として自発的に起業し，路線を拡張してきたケースが多い。もちろん退出せざるを得なくなった事例や，大手レガシー・キャリアに吸収された事例も見られるが，欧州でLCCが成長できた要因としては，以下のような好条件が重なっていた。

第1に，欧州が東西，南北のどちらの方向でも，4時間程度のフライトに適した地形である。第2に，もともと軍用で使用していた飛行場が多く，セカンダリー空港として活用できるところがあった。第3に，国防省や地方自治体が冷戦終結後，財政支出の削減を視野に入れて，空港民営化に踏み切ったので，LCC誘致が促進された。第4に，欧州統合と航空自由化が同時に進行したので，LCCが欧州路線を増やすには好機であった。第5に，中東欧諸国がEUに加盟したことにより，友人や親戚を訪問する新しい需要層VFR（Visiting Friends and Relatives）が増加した。

VFRは，EU統合による広域経済圏の形成と不可分の関係にある。つまり，先進諸国の企業が中東欧に工場や店舗を立地する戦略をとるとともに，労働者の家族や友人が週末を中心に，年間を通してコンスタントに移動することになった。結果的に，人の移動が双方向で活発になる状況が生まれた。それをサポートしたのが格安運賃で多頻度運航を実現したLCCである。

図5-3，図5-4（次頁）は英国を訪問した外国人のタイプを，ホリデー，ビジネス，VFR，その他の4つに分類して，時系列でそれぞれの訪問者数と支出額を示している。訪問者の使用するモードに関しては，2011年で測ると航空73％，船舶15％，ユーロスター12％となる。冷戦が終結した1989年から欧州連合の発足した93年を経て，VFRが安定的に増加してきたことがわかる。2001年の米国同時多発テロのダメージは見られなかった。また，08年のリーマンショックでは減少したものの，回復基調に戻りつつある。

LCCのポイント・トゥ・ポイント運航に合わせて，欧州内の空港会社がターミナル・ビル内で，乗り換え時間を楽しめる施設を作っているところが増えている。利用者がリラックスしながら，待ち時間を過ごせるようにするためには，制限エリア内の施設の充実が重要になる。既に，ベルギー・ブリュッセル空港やデンマーク・コペンハーゲン空港などが，そのような方針でサービスを

84　第Ⅱ部　民力を活かす交通インフラ

図 5-3　英国への外国人訪問者数・タイプ別

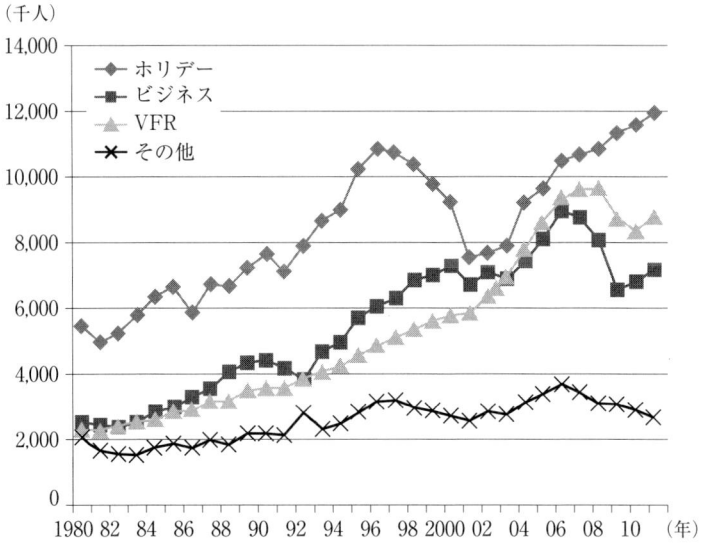

（出所）Office for National Statistics ［2012］, *Travel Trends 2011* に基づき筆者作成。

図 5-4　英国への外国人訪問者の支出額

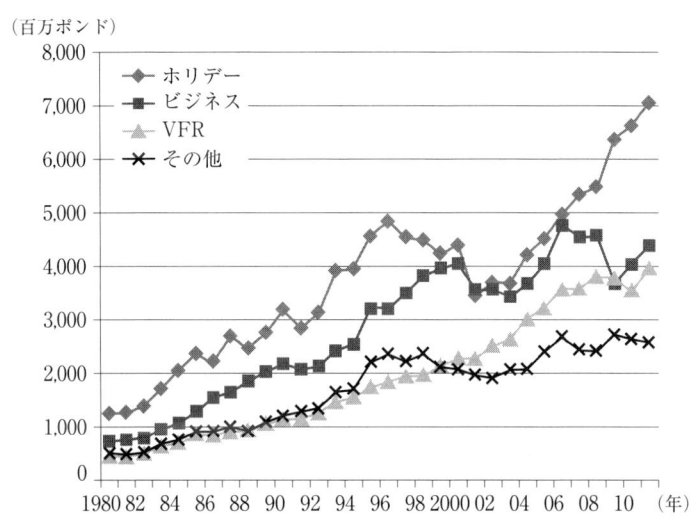

（出所）Office for National Statistics ［2012］, *Travel Trends 2011* に基づき筆者作成。

充実させてきた。これら両空港については，皮肉なことに，自国のナショナル・フラッグが不振で，競争上，不利な立場にある点から，LCC への依存率を高めたいという意向も働いた。今後の LCC の成長は，もちろん費用削減などを通して低廉な料金の提供ができるかどうかにかかっているが，LCC 利用者のニーズを満たす施設を新設するなど，空港会社の協力も不可欠になっている。

5.3 わが国の第 1 期 LCC ブーム

　欧米に遅れながらも 1990 年代末に，わが国でも参入規制の緩和が適用されたことにより，既存のレガシー・キャリアである日本航空（JAL）と全日空（ANA）とは異なる新規航空会社が出現した。わが国初の LCC として注目を集めたのは，スカイマークと北海道国際航空（エアドゥ）である。両社ともに 1996 年に，航空分野への新規参入を目的として会社を設立し，98 年に前者が福岡―羽田便を，後者が札幌―羽田便を就航させた。その後，97 年にパンアジア航空と 2002 年に神戸航空という別の新規参入者も現れた。現在，前者はスカイネットアジア航空（ソラシド・エア），後者はスターフライヤーとなり，それぞれ本社を宮崎市と北九州市に置いている。これが第 1 期の LCC ブームである。

　確かに既存大手 2 社と対抗する料金で様々な路線が設定されたが，機材やスタッフの不足から柔軟な経営を実現できたわけではない。ブランド力の差や混雑空港での発着枠の確保などの面でも不利であったばかりでなく，燃料費の高騰や経済不況による需要の減少もマイナス要因として重なった。各社の保有機材数は以下の通りである。スカイマーク・B737＝29 機，北海道国際航空・B767＝2 機，B737＝9 機，スカイネットアジア・B737＝12 機，スターフライヤー・A320＝9 機。先に示した欧州の LCC と比較すると，使用機材が圧倒的に少ないことがわかる。

　これら 4 社の株主構成に注目すると，3％以上の株主は表 5-3（次頁）のようになる。設立当初はすべて独立系新規参入者であったが，現在はスカイマー

表 5-3 第 1 期 LCC の大株主

航空会社	大株主	所有比率（%）
スカイマーク	西久保 愼一	30.57
	エイチ・アイ・エス	7.72
	日本マスタートラスト信託銀行	3.24
北海道国際航空	日本政策投資銀行	32.49
	全日本空輸	13.61
	双日	10.00
	北洋銀行	5.00
	石屋製菓	4.25
	楽天	4.25
	北海道空港	3.40
スカイネットアジア	日本政策投資銀行	27.75
	宮交エアグランドサービス	23.97
	全日本空輸	8.56
	米良電機産業	6.72
スターフライヤー	全日本空輸	17.96
	TOTO	4.88
	安川電機	3.16

（出所）各社の有価証券報告書に基づき筆者作成。

クを除く3社に関しては，ANAの系列に入っている。北海道国際航空は運航開始から4年後の2002年に，民事再生手続開始の申立てを行うとともに，ANAと「提携協議に関する覚書」を締結した。スカイネットアジアは04年に，産業再生機構による支援が決定し，05年からANAと業務提携を開始した。この2社については業績不振を理由に，ANAが救済している。

スターフライヤーの筆頭株主として，2012 年まで米国のファンド会社（ディーシーエム・フォー・エル・ピー）が 14.5％の株式を所有していたが撤退してしまった．その理由は明らかではないが，同社がファンド会社である点から，新たな投資先を見出したと考えるのが自然であろう．それに代わって，12 年末から ANA が筆頭株主となったが，両社の間には既に，07 年からコードシェアで協力関係が築かれていた．

唯一，独立系を維持しているスカイマークは，有価証券報告書で明示しているが，2014 年～17 年の間にエアバス社から A380 を 6 機，購入する契約を結んでいる．その総額は約 1,800 億円にも達する．この機材は既に，大手航空会社で使用されているが，いわゆる新鋭大型機である．近年，アジア太平洋地域の需要が急増している中で，欧米路線に適している大型機をどのように活用するのかが注目される．また，そのような機材を保有するキャリアを LCC の範疇で捉えることにも違和感がでてくる．

航空自由化が叫ばれたにもかかわらず，第 1 期のブームで LCC の業績は思うように伸びず，利用者の便益も大幅に改善されたわけではない．わが国の地形が串状であるために，欧州のように路線を面的に広げるのが難しかったのも事実である．さらに，2000 年以降の航空業界を取り巻く悪条件も影響を及ぼしたと考えられる．しかし，大きな障壁となったのは着陸料をはじめとする空港施設使用料の高さであった．レガシー・キャリアとの競争を通して，合理的な料金で選択肢が広がると期待されたものの，自由化のメリットが享受できたとは言えない．結果的に，既存航空会社が救済に入ることになったが，このような所期の目的とは逆行する事態が起きたのは皮肉な結末である．

5.4 第 2 期 LCC ブーム後の針路

第 1 期のブームの事後処理が落ち着いた後，インドシナを中心にアジア太平洋地域における LCC が成長してきたことから，わが国でも独自の LCC を育成する必要性があると考えられた．とりわけ，フラッグ・キャリアであった

表5-4 第2期LCCの親会社

航空会社	親会社	所有比率（%）
ピーチ・アビエーション	全日本空輸	38.7
	ファースト・イースタン・アビエーション・ホールディングス	33.3
	産業革新機構	28.0
エアアジア・ジャパン＊	全日本空輸	67.0
	エアアジア	33.0
ジェットスター・ジャパン	日本航空	33.3
	ジェットスターグループ	33.3
	三菱商事	16.7
	東京センチュリーリース	16.7

＊無議決権株式を含めると，全日本空輸51％：エアアジア49％。
（出所）各社公表資料に基づき筆者作成。

　JALが2010年1月に経営破綻に陥ったために，空港の存続という視点からも再度のLCCブームが求められた。2011年に入って，ピーチ・アビエーション，エアアジア・ジャパン，ジェットスター・ジャパンの3社が出現し，国際線も含めて競争関係が活発になると予想された。これを第2期LCCブームとみなすことができる。

　実際には，表5-4に示されるように，既存大手2社のいずれかの出資を受けているので，競争関係が生まれるのかという疑問もあった。親会社として注目すべき点は，ピーチ・アビエーションに香港のファンド会社（ファースト・イースタン・アビエーション・ホールディングス）が3分の1の比率で参画しているという事実である。また，エアアジア・ジャパンとジェットスター・ジャパンは外国キャリアの子会社であるという点に特徴がある。このような他国の親会社のアイデアが生かされると，新たな需要発掘が可能になり，インバウンドの観光客も増えるであろう。

　しかし，2013年6月に，ANAはエアアジアとの共同事業を解消するとの見

解を表明した。その理由は以下の通りである。

「当社と AAB の双方で運営を行っていた当該社について，日本マーケットに合致したビジネスモデルに改め，当社が主体的に当該社の運営を行えるようにするため。」（筆者注：当社＝ANA，AAB＝エアアジア，当該社＝エアアジア・ジャパン）

ANA は共同事業解消後も，成田を拠点とする LCC を 100％子会社として残すことにした。エアアジア・ジャパンのブランドは 13 年 10 月まで使用されていたが，その後，「バニラ・エア」という名称がつけられることになった。

このように第 2 期に誕生した LCC は，関空と成田を拠点にしているだけで，欧州大手 2 社のように多数の拠点作りに成功しているわけではない。機材保有数も少ないために，路線を柔軟に増設・変更することが難しい。さらに，パイロット不足という問題も表面化している。割安な料金で利用者を惹きつけようとしているので，親会社と第 1 期の LCC にも刺激を与えている点では，一定の評価ができるが，まだ利用者の選択肢が広がるほどの路線数は設定されていない。

国際線に関して，ピーチ・アビエーションが関空からソウル（仁川），香港，台北（桃園）の路線を持っているが，このようなアジア圏内の路線が増えてくると，他国の LCC による日本路線の料金競争も起きてくる。将来的には機材を増やし，拠点となる空港も複数にすることで，インバウンドとアウトバウンドの新たな需要拡大につながる。そのためには，空港会社と LCC との条件をめぐる交渉が重要になる。

ANA は第 1 期 LCC ブームで誕生した 3 社（北海道国際航空，スカイネットアジア，スターフライヤー）と第 2 期の 2 社（ピーチ・アビエーション，バニラ・エア）の合計 5 社と所有関係でつながっている。それ以外に，国内地方路線を中心とする ANA ウイングスと，アジアのリゾート路線専門のエアージャパンという 100％出資の連結子会社も存在する。複数の子会社を持つ戦略は，相互に役割分担がうまくできていれば，グループ全体の収益にプラスになると考えられる。

欧州のレガシー・キャリアに関しても，表 5-5（次頁）のように多数の子会

表 5-5　欧州主要航空会社の子会社

グローバル・アライアンス	主要航空会社	子会社・フランチャイズ			
ワンワールド	British Airways/ Iberia	英国	スペイン	フランス	デンマーク
		BA CityFlyer bmi	Air Nostrum Vueling	Open Skies	Sun Air
スターアライアンス	Lufthansa/ Austrian/ Swiss	ドイツ	オランダ・ベルギー	イタリア	オーストリア
		Augsburg AW LH Cityline Brussels AL LH Cargo Eurowings Contact Air	Brussels AL	Air Dolomiti Lufthansa Italia	Austrian Arrows
	SAS	スウェーデン	デンマーク	ノルウェー	
		SAS Sverige	SAS Denmark	SAS Norge	
スカイチーム	Air France/ KLM	フランス	オランダ・ベルギー		
		City Jet Regional AL Brit'Air Transavia.com France	KLM Cityhopper Transavia Martinair		
	Alitalia	イタリア			
		Alitalia Express Air One Air One Cityliner			

（出所）『民間航空機関連データ集』2013 年に基づき筆者作成。

社を持っている。わが国と異なるのは，域内で国際展開をしている点である。これはグローバル・アライアンスや M&A と密接に関係している。レガシー・キャリアは LCC とサービスを差別化するために，自国のみならず他国においてもフィーダー路線を充実させてきた。子会社がリージョナル路線を担当することで，費用削減が容易になるとともに，利用者に対して欧州域内で移動しやすいサービスを提供している。

　第 2 期の LCC には大きな期待がかけられているが，路線数増大や料金低下を実現させるためには空港改革が伴わないと，レガシー・キャリアの単なる分社化で終わってしまう。第 1 期で誕生した旧 LCC や他国 LCC が夜間時間帯や

セカンダリー空港が活用できる環境を整え，レガシー・キャリアによる地方路線の充実を図らなければ，潜在的需要の開拓は不可能である。また，アジア圏内における労働移動の自由化や共用空港の有効活用など，省庁の壁を越えた規制緩和の検討も不可欠となっている。

第6章　民営化で変わる空港

6.1　英国の複数一括運営

　周知の通り，空港民営化に早くから取り組んだ国として英国をあげることができる．1986年空港法に基づき，国有空港公団のBAAが民営化されるとともに，年間売上高が100万ポンド以上の地方空港を株式会社に移行させる措置がとられた．ほとんどの空港において，改組後もしばらくの間，自治体所有の状態が続いた．

　1990年代に入って，個別に株式売却が進められたが，他国の空港会社や建設会社の他，不動産，倉庫，物流部門の企業や年金基金が関与するなど，多様な所有者が出現している．また，その国籍も欧米諸国のみならず，オーストラリアやシンガポール，韓国，UAEなど多岐に及んでいる．2000年代以降は，ファンド会社による株式取得も増えたので，転売を通した所有者の変更が多数，見られる．

　英国には約50の主要空港が存在するが，個々の空港の基本施設（滑走路やエプロンなど）と商業施設（ターミナルビルや駐車場など）は一体化されている．民営化後は，M&Aや転売を通して，その多くが複数一括経営のもとでグループ化された．表6-1は2012年の年間乗降客数に基づくランキングと，複数一括のグループ（表中ではマークで区分）などを示している．

　50空港中，1つの空港が独立的に存続しているところは11空港だけである．上位の空港会社については，ほぼすべてが複数一括運営によって経営されてきた．ただし，2012年から13年にかけて，スペインの建設会社アベルティス社が撤退したために，ルートン，ベルファスト国際，カーディフ・ウェールズの

第 6 章　民営化で変わる空港　93

表 6-1　英国の主要空港の乗降客数と経営状況

順位	空港名	複数一括	公有状態	乗降客数		順位	空港名	複数一括	公有状態	乗降客数
1	Heathrow	★		69,983,139		26	City of Derry (Eglinton)	§	pub	398,209
2	Gatwick	◎		34,218,668		27	Norwich		prt	396,646
3	Manchester	□	pub	19,654,100		28	Scatsta			304,426
4	Stansted	□	pub	17,464,792		29	Blackpool	§	prt	235,191
5	Luton	▲	pub	9,614,175		30	Humberside		prt	233,589
6	Edinburgh	◎		9,194,334		31	Newquay		pub	166,272
7	Birmingham	⇔	prt	8,916,209		32	Durham Tees Valley	△	prt	164,826
8	Glasgow	★		7,150,095		33	Sumburgh	◇	pub	148,861
9	Bristol	⇔		5,916,258		34	Kirkwall	◇	pub	132,235
10	Liverpool John Lennon	△		4,458,500		35	Stornoway	◇	pub	115,860
11	Newcastle Intl.		pub	4,354,648		36	Isles of Scilly, St. Marys	＊	pub	97,012
12	Belfast Intl.	▲		4,312,441		37	Penzance Heliport	＊		61,747
13	East Midlands Intl.	□	pub	4,067,915		38	Dundee		pub	54,642
14	Aberdeen	★		3,328,533		39	Lands End			31,964
15	London City	◎		3,016,664		40	Benbecula	◇	pub	30,849
16	Leeds Bradford			2,968,700		41	Wick John O Groats	◇	pub	24,920
17	Belfast City (George Best)			2,246,202		42	Isles of Scilly, Tresco	＊		24,175
18	Southampton	★		1,693,350		43	Islay	◇	pub	21,230
19	Prestwick	／		1,066,917		44	Gloucestershire		pub	15,245
20	Cardiff Wales	▲	pub	1,013,386		45	Barra	◇	pub	11,414
21	Exeter	§		694,963		46	Campbeltown	◇	pub	8,689
22	Robin Hood Doncaster Sheffield	△		693,129		47	Manston (Kent Intl.)	／		8,262
23	Bournemouth	□	pub	689,755		48	Tiree		pub	7,317
24	Southend	＃	pub	616,974		49	Oxford (Kidlington)			6,577
25	Inverness	◇		601,550		50	Lerwick (Tingwall)	◇	pub	5,041

(注)　複数一括のマークについては、表 6-3 (102 頁) を参照。公有状態について、50% 以
　　　上は「pub」、50% 未満は「prt」と記載。▲については既に 2013 年に解消した。
(出所)　Civil Aviation Authority 公表のデータなどに基づき筆者作成。

3空港については，一括運営が解消されることになった。

　長期にわたり，単独で残っている空港は11位のニューキャッスル国際，16位のリーズ・ブラッドフォード，17位のベルファスト・シティだけであるが，これらは例外と言える。下位の空港会社についても複数一括運営の状態にある。特に，スコットランドの11空港をまとめるHIAL（Highlands and Islands Airports Ltd.）は離島を含む運営に重要な役割を果たしている。

　複数空港の一括運営は経緯や目的から，以下の4つのタイプに分けることができる。

① 過去に国有企業として維持されてきた空港が株式会社形態へ移行後も，そのまま複数空港として一括運営されるタイプ。
② 過疎地域やリゾート地において一括運営によって航空サービスの充実を図ろうとするタイプ。これは地理的に近接した空港が協力を深めるタイプである。過疎地域では政府や自治体が，リゾート地にはキャリアが関与することが多い。
③ ノウハウの共有化やコスト削減による効率的経営を目的として，複数空港を積極的に運営するタイプ。このタイプでは戦略的なパートナーとなり得る空港を探すことが重要であり，地理的に近接した空港に限定されることはない。
④ 空港の所有者が株式売買を通して，結果的に複数空港を保有することになるタイプ。特に，年金基金や投資ファンドは転売を繰り返すので，このタイプに相当する。空港間での実質的な協力関係は希薄であり，空港会社にとっても経営上のメリットは必ずしも大きいとは言えない。

　近年，複数一括運営のグループ構成に大きな変化が起きている。その背景には，2009年3月に競争委員会（Competition Commission）がヒースローなど7空港を運営してきたBAAに対して，3空港を2年以内に売却するように指示した勧告案があった。具体的には，BAAの実質的な所有者であるスペインの建設会社フェロビアル社は，ロンドン地域においてガトウィックとスタンステッドの両方を，さらにスコットランドにおいてエディンバラかグラスゴーのど

ちらかを売却すべきとの指令を受けた。

　複数一括運営が定着する中で，それらの空港がどの企業により取得されるのかが注目の的となった。勧告では，大都市圏では同一所有者による空港経営が競争を阻害する点が指摘されたので，近隣空港同士の大型合併は認められないものと考えられた。また，単独の小規模な空港会社や他国の空港会社が購入するには，資金調達の面で難しかった。

　結果的に，ガトウィックとエディンバラについてはロンドン・シティ空港を運営するGIP（Global Infrastructure Partners）が，スタンステッドについてはマンチェスター空港などを運営するMAG（Manchester Airports Group）が取得した。これらに関しては，わが国の空港経営に示唆を与えるところがあるので，次節以降でとりあげることにする。

6.2　BAA分割と業界再編

　競争委員会の調査対象となったBAAの所有者であるフェロビアルは，2008年9月に自らガトウィックを売却することを決定した。乗降客数が3,000万人を超えるガトウィックは，ヒースローに次ぐ大規模空港であり，都心からのアクセス条件も良い点から，購入希望者は多数，出現した。ドイツの空港会社の他，空港経営に実績のない金融ファンドなどが候補にあがった。最終的に09年10月に，ロンドン・シティを所有するGIPが購入することになり，売却総額は15億ポンドにも達した。このような高額の資金を準備できる企業は限られていた。GIPが米国ジェネラル・エレクトリック社とクレディ・スイス社による出資を受けているので，この買収が成功したと言っても過言ではない。

　ロンドン10空港の位置関係については，図6-1（次頁）の通りである。ガトウィックとロンドン・シティは直線距離で40kmと近接していたが，競争政策上の問題は問われなかった。これはロンドン・シティの規模が小さいことに加え，ビジネス需要を中心としているので，両空港が異なる機能を果たしていると判断されたからである。ロンドン・シティの乗降客数は300万人であり，

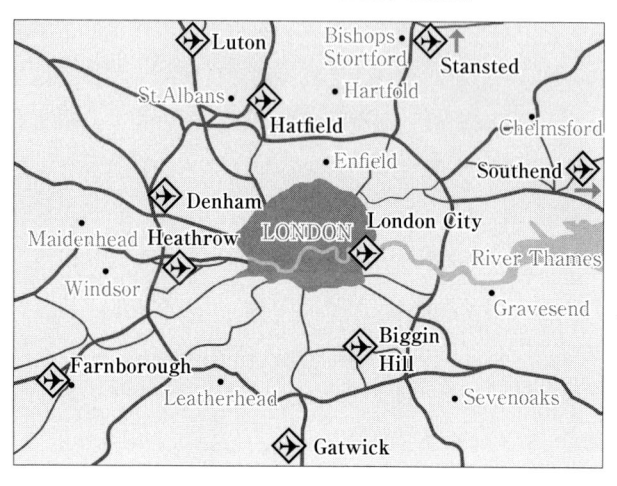

図6-1 ロンドンの空港位置関係

(注) 図中には定期便のない飛行場も含まれている。
(出所) 〈http://www.aircraft-charter-world.com/airports/europe/london.htm〉.

10倍以上大きいガトウィックを取得した点は特筆に値する。英国のハブ空港の1つであるガトウィックは、米国とスイスの共有企業へと変貌することになった。以前のフェロビアル社もスペイン企業であったので、特に外国企業による買収が問題視されたわけではない。

　フェロビアル社がスコットランド地域で手放すべきエディンバラとグラスゴーは、図6-2に示されるように、共通の後背地を持つ地理関係にあり、類似した規模であるので注目された。同社は乗降客数の比較や成長率、さらに貨物ハブの優位性などの点で、買い手に魅力のあるエディンバラを売却することを決めた。2011年10月にその売却方針が公表され、米国の金融会社JPモルガン社とGIPが最後まで競り合ったが、12年4月にGIPが8億ポンドで購入した。この取得により、同社はロンドンとスコットランドの両地域に3空港を所有する企業として躍進を遂げた。

　競争委員会の勧告に基づく空港再編の結果、乗降客の合計は表6-2（98頁）の通り、2012年の数値で判断すると、BAAが8,200万人、GIPが4,600万人、MAGが4,100万人となる。まだトップと2位、3位の間に大きな格差が見ら

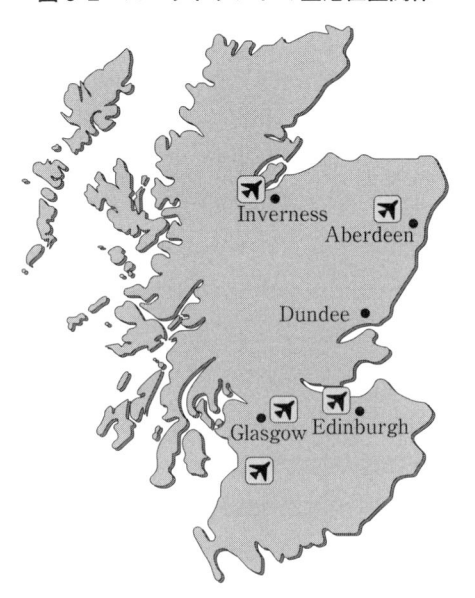

図6-2 スコットランドの空港位置関係

（注）　BAAのグラスゴー空港は北側で，南側は
　　　　プレストウィック空港。
（出所）　〈http://www.touristnetuk.com/scotland/
　　　　isle-of-skye/travel/airports/〉．

れるのも事実である。しかし，BAA分割が実施されず，依然として7空港を所有していたと仮定すると，その総数は1億4,300万人を超えてしまう。またGIPやMAGが大規模空港を取得していなければ，それぞれ約300万人と2,500万人のレベルのままである。したがって，現在はグループ間の規模格差が縮小したので，市場支配力の問題は改善されたと考えられる。

　この再編によって上位3社はそれぞれ，ロンドン地域に立地する空港（次頁の表6-2の＊印）を持つことになった。また，グループ内の空港が地理的に離れたところに立地している点にも特徴を見出せる。英国政府は複数一括経営を容認しながらも，競争的な環境を創出し，民間企業による投資を誘発する政策を追求している。空港経営に関しては，製造業やサービス業のように効率性指標によって閉鎖や統合が容易にできるわけではないが，上下一体化やヤードス

表 6-2　複数一括運営を行う上位 3 社

| BAA (Ferrovial etc.) |||
空港名	乗降客数	順位
Heathrow *	69,983,139	1
Glasgow	7,150,095	8
Aberdeen	3,328,533	14
Southampton	1,693,350	18
合　計	82,155,177	①

| London City/GIP |||
空港名	乗降客数	順位
Gatwick *	34,218,668	2
Edinburgh	9,194,334	6
London City *	3,016,664	15
合　計	46,429,666	②

| Manchester Airports Group |||
空港名	乗降客数	順位
Manchester	19,654,100	3
Stansted *	17,464,792	4
East Midlands Intl.	4,067,915	13
Bournemouth	689,755	23
合　計	41,876,562	③

(注)　イタリックは BAA (Ferrovial) から取得した空港。＊印はロンドン地域に立地する空港。右下は総数で見た順位。
(出所)　Civil Aviation Authority 公表のデータに基づき筆者作成。

ティック競争を通して空港施設利用料の低下と利用者へのサービス改善が期待できる。

6.3　自治体主導による買収劇

　所有権に注目すると，1,000 万人を超える大規模空港で地方自治体の全面所有となっているのは，唯一マンチェスターしか存在しなかった。運営者の MAG (Manchester Airports Group) はマンチェスター市近隣の 10 自治体による公的所有でありながら，地理的に離れた空港にも関与する複数一括運営を行ってきた。ところが，M&A を展開する過程において，自らの株式を海外のファンド会社に売却することによって，資金調達をするという大胆な手法でスタ

ンステッドの買収に加わった。

　スタンステッドはロンドン中心地から北東50kmに立地し，欧州最大のLCCであるライアンエアーの拠点となっている。図6-3に示される通り，主要LCCが集結するセカンダリー空港として機能している点で，ガトウィックやエディンバラとは性格が異なる。また，ロンドンから北西45kmのイージージェットの拠点であるルートンとしばしば比較される。ランキングでは4位と5位で並んでいるが，乗降客数ではスタンステッドの方が圧倒的に多く，約2倍の規模を誇っている。

　フェロビアル社はヒースローとともに，スタンステッドも保持したいという意向を持っていたため，政府側としばらく対立が続いた。政府としてはロンドン地域で空港会社間の競争を機能させ，滑走路新設を促すことを強く求めていた。2012年になって，ようやく売却手続きが進められ，オーストラリアのマ

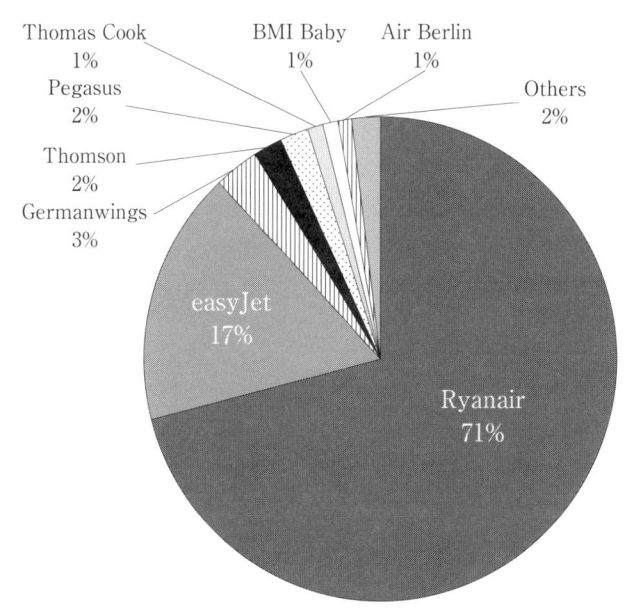

図6-3　スタンステッド空港に就航する航空会社（2012年）

航空会社	割合
Ryanair	71%
easyJet	17%
Germanwings	3%
Thomson	2%
Pegasus	2%
Thomas Cook	1%
BMI Baby	1%
Air Berlin	1%
Others	2%

（出所）London Stansted Airport Consultative Committee[2012]に基づき筆者作成。

ッコーリー社，マレーシア空港持株会社，MAG の 3 社が最終候補として残った。

　LCC の拠点であるセカンダリー空港は，VFR を中心とした需要拡大の可能性が大きいので，買収する価値があるとみなされる。しかし，現実的には LCC 側から施設利用料のディスカウントを求められ，最悪の場合，撤退されるケースもあり得るので，それなりのリスクも伴う。とりわけスタンステッドでは，ライアンエアーのシェアが 70％に達している点で，そのリスクは小さくなかった。最終的に，2013 年 1 月に MAG がオーストラリアのファンド会社 IFM (Industry Funds Management) とともに，15 億ポンドで購入することが決まった。

　株式会社形態をとる MAG の株主は，マンチェスター市が 55％と，近隣の 9 自治体がそれぞれ 5％で 45％という構成であった。IFM との関係を強化するために，MAG は自社保有分の 35.5％を同社に売却した。このように公有比率を引き下げながらも，買収資金を準備したのである。実は，前年の 2012 年 8 月に，一括運営していたハンバーサイドの持ち分を売却しているが，その時点でスタンステッド買収のための資金の一部が，既に用意されていたと考えられる。

　現在の所有比率は，IFM・35.5％，マンチェスター市・35.5％，近隣 9 自治体・29％で，依然として過半数以上の公有状態は維持されている。この買収劇は，地方自治体が外国のファンド会社と密接な協力関係の下で，大都市圏に立地するセカンダリー空港の取得に動いた点で注目に値する。MAG は公有企業でありながら，実際には意欲的なビジネス・マインドを発揮してきた。とりわけ，今回のスタンステッド買収については，かなり戦略的に進められたと言える。民営化を前提とした空港改革が実施されている以上，収益性の高い空港が買収の対象となるのは当然であり，自治体経営であっても資金調達の工夫次第で，民間企業と対等な関係に立てることが明らかになった。

6.4 一括運営と空港整備の推進

　先に示した複数一括経営のグループを，さらに細かく類型化すると，表6-3（次頁）のように分類できる．類型化は空港の規模や所有権の種類などの点からも整理できるが，ここでは空港の機能と戦略面に着目して，恣意的ではあるが6つに分けている．日本への適用例については試案段階であり，後背地の条件や過去の地元による協議などを十分に考慮したものではない．

(1) ハブ依存型

　年間乗降客数が1,000万人クラスで，国際線比率の高い大規模空港が中心となって経営を安定化させるタイプ．具体例としては，BAA（Ferrovial etc.）についてはヒースロー，MAGについてはマンチェスターとスタンステッドが，それぞれのグループ内で中核的存在となり，キャリアと利用者の両方を惹きつける力を発揮している．ガバナンスの観点から，グループ全体で4空港程度が適切と考えられる．結果的に，一種の内部相互補助が可能になるので，それぞれの空港について会計分離を行うべきかの判断が求められる．

(2) 需要創出型

　複数空港で異なる戦略を追求し，需要を創出するタイプ．例えば，London City/GIPはガトウィックにおいて，エコノミー・クラスの需要層を中心に集客する．それに対して，ロンド・シティでは，ビジネス客にターゲットを絞り込んでいる．また，Peel Airportsはリバプール・ジョン・レノンでは定期便が強く，ロビン・フッド・ドンカスター・シェフィールドではチャーター便にウェイトを置く．このように同一空港会社の中であっても，それぞれの空港が差別化戦略を展開すれば，パイの奪い合いを回避できる．

(3) PPP推進型

　何らかの理由で株式売却が難しい場合に，政府や自治体が所有権を保持しつつ，運営権だけをコンセッション契約で民間事業者に委ねるタイプ．この事例としては，Luton/TBI/ACDLのなかのルートンが代表例として知られている．近年，鉄道や建設などの公共事業の入札で実績のあるBalfour Beattyが，シ

表6-3 複数一括運営会社の類型化

タイプ	機能・戦略	空港会社	分類	所有者の特性	日本への適用例（試案）
(1) ハブ依存型	国際ハブ・国内ハブ	BAA (Ferrovial etc.) / Manchester Airports Group	★ / □	元国有企業 / 自治体所有	成田＋茨城 / 中部＋岡山
(2) 需要創出型	近隣空港の使い分け	London City/ GIP / Peel Airports	◎ / △	アメリカ主導 / 商業施設運営	関空＋伊丹 / 新千歳＋丘珠
(3) PPP推進型	コンセッションの活用	Luton/TBI/ACDL / Balfour Beatty	▲ / §	スペイン主導 / 公共事業入札	福岡＋函館 / 那覇＋広島
(4) 地域振興支援型	都市開発・物流拠点	Infratil / Stobart Group	∥ / #	株式単独所有 / 物流事業者	仙台＋長崎 / 新潟＋静岡
(5) 離島航路整備型	地方ハブ＆スポーク	Highlands and Islands Airports Ltd. / Matrix Private Equity Partners	◇ / ＊	地方政府保有 / 観光ビジネス	旭川＋道東 / 鹿児島＋離島
(6) 短期一時保有型	転売による利ざや獲得	Ontario Teachers' Pension Plan / Macquarie Group	⇔ / ●	過半数以下 / 過半数以上	─

（注）最下段マッコーリー・グループの一括運営は過去に見られたが、現在は存在しない。分類マークは表6-1（93頁）とリンクしている。
（出所）筆者作成。

ティ・オブ・デリーにおいてマネジメント契約を成立させた。株式売却に抵抗のある自治体であっても，公的支出の抑制やサービス品質の向上を視野に入れて，PPP を進めることができる。単独の空港運営でも成り立つが，複数空港でノウハウを共有すれば効率的経営につながる。

(4) 地域振興支援型

セカンダリー空港や都市周辺において，空港開発を鉄道や物流関連の施設整備と同時に行い，地域開発に貢献するタイプ。Infratil 傘下のプレストウィックは，スコットランド内では自社の鉄道駅を持つ唯一の空港である。BAA のグラスゴーと競合関係に立つが，鉄道アクセスを重視しているからこそ優位性があると言える。また，Stobart Group に属すサウスエンドは 2012 年のロンドン・オリンピック開催に向けて，エア・アランやイージージェットと定期便就航の契約を締結し，滑走路の延伸に加え，鉄道新駅の設置やホテルの建設計画を進めてきた。

(5) 離島航路整備型

特定エリアを 1 つのブロックとみなして，地元自治体と密接な協力関係を築きながら，路線を維持するタイプ。好例として，スコットランド北西部の 11 空港から構成される HIAL と，イングランド南西部で大型ヘリコプター輸送を行う Matrix Private Equity Partners があげられる。前者は小型機による生活路線が中心であり，インバネスが地方ハブとしての役割を果たしている。キャリアに路線開拓を促す目的で作られた自治体による助成制度もある。後者はペンザンス・ヘリポートを核とするリゾート路線で，一定数の利用者が定着している。ヘリコプター輸送だけで，乗降客数の統計データがランキングされる稀なケースである。

(6) 短期一時保有型

ファンドによる株式取得が，結果的に複数一括経営に至ったタイプ。所有者は空港経営を継続する確固たる信念を持つわけではなく，他の投資対象と比較の上で，利ざやを最大化することを狙う。もちろん，その過程で事業価値を高めるために，非航空収入の増大や空港施設の拡充を行うこともあり得る。現実の株式売買から，Ontario Teachers' Pension Plan や Macquarie Group が，こ

のタイプに相当すると考えられる。どちらも世界のインフラ市場で必ず社名が出てくるほど，活発な動きをしているが，前者は株式所有比率を過半数未満に抑えていることが多い。

　わが国には 98 空港が存在するが，既に休港状態に入っている北海道や九州の離島空港を含め，下位 13 空港は乗降客がゼロであり，それ以外のほとんどの空港でも利用者数が漸次的に減少している。表 6-4 は 2011 年の上位 50 空港の年間乗降客数と内際比率を示しているが，多くの空港が国内線中心の運営をしている点が明らかになる。航空業界を取り巻く環境が厳しくなる中で，アジア需要を取り込むべきとの意見があるものの，実態としては何ら改善されていない。
　需要減少に歯止めをかける方策の 1 つとして，複数一括運営が選択肢にあげられる。ただし，個別空港の組み合わせを考慮する前に，まず基本施設と商業施設の一体化を実現することが不可欠である。さらに，追求すべき機能と戦略にプライオリティを置くならば，国管理，地方管理，株式会社などの枠組みを超えて，可能性が検討されなければならない。将来的には，英国で多くの事例があるように，2 空港以上の組み合わせも模索される必要もある。
　過去の観光庁によるビジット・ジャパン事業や，規制改革会議によるアジア・オープンスカイ構想など，航空・空港関連の施策から旅客需要の増大が期待されたが，実際には大都市圏以外の地方空港は路線数減少により，苦境に立たされている。現在，成長戦略で提唱された徹底的なオープンスカイの推進と「民間の知恵と資金」の活用を実践する時期に入っている。また，環太平洋連携協定（TPP）による「平成の開国」も提言されているので，貨物をも含めた空港政策を見直す好機である。英国との比較から，わが国でも複数一括運営を採用すれば，空港経営の展望は開けるに違いない。新たな空港運営システムを，空港のある地域から主体的に考えていくためには，自らの機能や戦略を認識した上で，パートナーを探す必要がある。

表6-4 わが国主要空港の乗降客数と内際比率

順位	空港名	管理	合計	路線内訳(%)国内	国際
1	東京国際	国	62,598,351	88.7	11.3
2	成田国際	会社	25,377,438	6.8	93.2
3	新千歳	国	15,774,467	94.7	5.3
4	福岡	国	15,393,954	84.1	15.9
5	那覇	国	13,725,680	96.7	3.3
6	関西国際	会社	13,329,301	27.1	72.9
7	大阪国際	国	12,775,797	100.0	0.0
8	中部国際	会社	8,636,108	51.5	48.5
9	鹿児島	国	4,461,208	98.4	1.6
10	熊本	国	2,816,245	98.7	1.3
11	神戸	地方	2,558,578	100.0	0.0
12	広島	国	2,509,855	85.9	14.1
13	宮崎	国	2,414,328	97.6	2.4
14	長崎	国	2,410,528	99.1	0.9
15	松山	共用	2,181,268	97.4	2.6
16	小松	共用	1,933,892	94.1	5.9
17	仙台	国	1,717,102	94.9	5.1
18	石垣	地方	1,531,509	99.3	0.7
19	函館	国	1,394,499	96.9	3.1
20	大分	国	1,350,025	99.0	1.0
21	高松	国	1,292,031	96.1	3.9
22	岡山	地方	1,236,728	81.8	18.2
23	北九州	国	1,150,720	96.1	3.9
24	高知	国	1,144,417	99.7	0.3
25	秋田	特地	1,111,190	96.8	3.2
26	宮古	地方	1,093,670	100.0	0.0
27	旭川	特地	940,657	95.8	4.2
28	富山	地方	877,446	91.2	8.8
29	新潟	国	861,271	78.5	21.5
30	青森	地方	823,346	97.2	2.8
31	徳島	共用	757,550	99.8	0.2
32	山口宇部	特地	743,852	99.7	0.3
33	女満別	地方	657,616	99.9	0.1
34	出雲	地方	624,863	100.0	0.0
35	釧路	国	601,378	98.8	1.2
36	奄美	地方	534,022	100.0	0.0
37	帯広	地方	511,862	99.2	0.8
38	静岡	特地	430,525	64.6	35.4
39	庄内	共用	418,034	92.5	7.5
40	美保	地方	354,003	99.6	0.4
41	名古屋	その他	299,217	99.9	0.1
42	佐賀	地方	298,735	98.0	2.0
43	花巻	共用	290,781	98.7	1.3
44	百里	共用	277,721	78.9	21.1
45	鳥取	国	277,136	99.9	0.1
46	三沢	共用	262,820	100.0	0.0
47	対馬	地方	260,117	98.7	1.3
48	福島	地方	232,876	95.5	4.5
49	久米島	地方	225,456	100.0	0.0
50	山形	特地	222,397	99.8	0.2

(出所)『平成23年空港管理状況調書』に基づき筆者作成。

第7章　都市力を高める道路

7.1　都市主導の日本再興

　2013年6月日本経済再生に向けた「日本再興戦略 -JAPAN is BACK」が閣議決定された。アクションプランとして定められた「日本産業再興プラン」では、「都市の成長を日本経済全体の成長につなげる」都市力重視の成長戦略が定められた。日本経済の牽引車である東京は、2020年までに「世界の都市総合ランキング」で第3位に入ることが目標とされている。第6章で触れた空港の活性化は、ビジネス、観光などの最終目的地である都市等の後背地の魅力がなければ実現は難しい。日本の都市を住んでよし、訪ねてよしにしなければ、海外や国内他地域との人的交流は盛んにならず都市を訪れる人も増えないだろう。

　海外との関係で言えば、日本は既に多くの魅力的なものを持っている。世界無形遺産に登録された和食をはじめ、日本人の勤勉さ、礼儀正しさなどは世界中の注目を浴びる。また、秋葉原のメイド喫茶や漫画等のサブカルチャー、優秀な工業製品も多くの国の注目を集める。文化コンテンツにおいても日本は劣らない。大切なのは、それらを活かし世界に示すためのショーウィンドウとしての都市の機能である。

　戦後急速な工業化をとげ先進国となった日本の都市は、成熟国家の都市として必ずしも居心地は良くない。東京を始めとする日本の都市は、急速な経済発展と人口増加に合わせて一所懸命にインフラ整備をしてきた。道路に関して言えば、戦後の経済復興が進みモータリゼーションが開花し始めた60年前（1952年）に「道路網の整備を図ること」を目的としてできた道路法により道

路整備が行われ，現在までに道路の実延長は121万km，高速道路は7,920kmに及び，国土の津々浦々に至るまでの道路整備が行われた。都市のインフラ整備も，道路，特に自動車の用途中心に設計がされてきたが，結果として増え続ける自動車利用を十分に処理できるまでには至っておらず，整備とのいたちごっこが現在も続けられている。依然，都市の交通渋滞は慢性化する不健康な状態が続いている。東京都心の平均旅行速度は高速道路で時速42kmと全国平均の半分，一般道路では時速16kmと全国平均の半分以下の状態が続き，乗車時間の約6割が渋滞などに費やされ，損失時間は全国平均の1.6倍に及んでいる[1]。

道路は都市にとっては人体の血管である。高速道路や幹線道路は動脈，静脈に相当し，一般道路は毛細血管である。道路の能力が十分に発揮できなければ，都市の活動に制約が生じ，日本経済の成長の足かせにもなる。

日本は戦後70年を過ぎ少子高齢化，人口減少の成熟期に入り，経済全体のパイが収縮していく中，これまでどおりいたちごっこの道路整備を続けるばかりでは，都市力はどんどん衰退するばかりである。戦後の道路整備は，工業化に合わせて整備が進められてきたが，グローバル化，サービス経済化の影響が大きい都市においては，むしろそのような実態に合わせた道路政策が求められる。道路のあり方を変えることで，都市の生産性を上げ，よりビジネスが効率的に行われることで経済成長を実現するとともに，ビジネスにとっても魅力的な都市環境が実現できる。

人口減が進み，世界から高付加価値の産業と消費を呼び込まねばならない課題を持つ日本の都市の目指すべき方向は，従来の「自動車中心」から「人間」へバランスを移した街づくりである。都市においてより多くのビジネスが行われ，国際会議が開かれ，世界各国から観光客が訪れ，日本の文化をグローバルに開花させるためには，都市がより人間にとって住みやすく変革されることが求められる。本章では，「人間の住みやすい都市」実現のため，限界に来ている伝統的な「道路整備」の手法から大きく発想を変えた，新たな都市機能の高度化に資する道路政策について整理を行う。

7.2 需要コントロールによる都市交通の健全化

今日，都市の隅々まで毛細血管のように張り巡らされた道路は，日々の経済活動を支える重要な役割を果たす一方，多くの課題を抱えている．都市の各所には 4 車線，6 車線の高規格の道路が走り，交通サービス（＝道路の利用）に対する需要増に応じて整備を行ったはずにも関わらず，都心の道路は居心地が良くない．朝夕のラッシュ時間帯や五十日（ごとおび）を中心に慢性的に発生する交通渋滞．それに巻き込まれて機能不全に陥っているバスやタクシー等の公共交通機関．狭い車道は危険なので，それを避けて我が物顔に歩道を暴走する自転車．横断歩道を渡り続ける歩行者で，殆ど左折ができずに発生する交差点からの左車線の長い列．大きな荷物があるので，ホテルから空港まで直行するリムジンバスに乗ったは良いものの，逃げ道の無い高速道路で渋滞に巻き込まれて，搭乗時間に間に合うかいらいらする観光客．都市内に位置する様々な機関を結び，高付加価値な活動を行う人々やモノをスムーズに運ぶ役割を果たすべき道路は，動脈硬化を起こしている．このような状況は放っておかれれば，グローバルな都市間競争（産業，観光等）の足かせとなる．

60 年前にできた道路法の「目的」では，道路は「整備」さえされれば十分であり，それがいかに都市を含む社会のスムーズな経済活動を支えるために機能すべきかについてまでは語っていない．都市機能の高度化のためには，交通量をコントロールすることが必要である．とりわけ重要なのは，都心部の通過交通の適正化である．日本では従来「道路需要が伸びればそれに応じて供給を増やす」と言う発想で道路整備を行ってきた．右肩上がりの経済成長の時代には，道路財源もどんどん増えるので交通量増加に応じた道路整備という考え方にも合理性はあった．戦後復興の過程での道路整備が，都市の生産性を向上させたことは間違いないが．その後経済成長に伴い自動車数も激増する中で，都市の道路の処理能力を超え現在に至っている．さらには，日本では公物とされる道路は公平性の原則の下，オープンアクセスかつ利用に応じた支払いが（見た目上）無料であり，経済学で説明される「共有地の悲劇」の状況が生じてい

る．利用が安価であれば利用しなければ損なので，さらに利用が促進され，混雑で全ての主体の利用価値が失われるという結果となる．

　都市の大きさや地域などで多少の差はあるものの，通過交通は都市の道路交通の3割～5割程度に上ると言われ，昨今都心部の交通渋滞緩和対策として多くの都市で環状道路整備が進められている．東京も，環七，環八などの一般道路に加え，中央環状線，東京外郭環状道路（外環），首都圏中央連絡自動車道（圏央道）の三環状などの高速道路の整備により，都心部の通過交通台数の適正化を目指している．環状道路の整備は確かに都心への交通の流入を減らす効果はあるが，以下のような課題も指摘される．環状道路の整備が行われたとしても，交通ルートを選択するのは個々の運転者であり，迂回路となる環状道路と都心内通過を比較して自ら得になる選択を行うことが可能であれば，必ずしも社会全体にとって望ましい行動を取るとは限らず，環状道路を利用しないこともあり得る．環状道路の整備により個々の利用者の選択肢は増えたとしても，都心内通過のコストが依然低ければ依然として「共有地の悲劇」は解消されない．

　環状道路の整備には，土地買収などに起因する長期の整備期間（環八の場合，計画決定から60年かかった区間も存在）が必要となったり，大きな建設費（中央環状線の場合キロ当たり1,000億円）が必要となる．右肩上がりの経済成長の時代であれば，財源と将来にわたる投資効果や費用回収も十分見込まれるであろうが，社会経済情勢が変わった今，より慎重な対応が求められる．

　より柔軟な施策として今後検討に値するのが，「需要コントロール施策」である．交通需要マネジメント（TDM：Transportation Demand Management）については，多くの研究も行われ，シンガポール，ロンドン，ストックホルム，オスロなどでは，実際にロードプライシングが導入されている．ロードプライシングとは，都市等において一定範囲内（都心部）の公道の自動車の使用に対して料金を徴収することにより，交通量をコントロールする政策である．課金の額や時間帯など都市により様々であるが，シンガポールでは1975年に導入以来，コンピューター化などにより時間帯や実際の混雑状況に応じて細かい料金設定が可能なシステムを導入し，進化を続けている[2]．

　ロードプライシングにより，都市内の自動車交通量が適正に調整される結果，

次のようなメリットが生じることとなる。

① 渋滞が減少し，ビジネスや観光のための移動時間の短縮ならびに確実性が高まる。
② 排気ガスや騒音が減ることで都市の環境改善に貢献し，都市の居住性（居住・ビジネス・観光などの良好な環境）が高まる。
③ 公共交通（バス，LRT，タクシー）優先レーン，自転車専用レーン，歩行者のための専用歩行スペースや商業目的の荷捌き専用スペースを捻出する（道路上での荷卸し停車が無くなり渋滞解消に効果）ことが比較的容易となり，異なる交通モード間の分離が適正に行われることで，交通事故の減少や都市の居住性が高まる。

なお，TDMには，ナンバープレートによる通行規制（中国にて実施。ナンバープレート末尾が奇数か偶数かにより都市内道路の通行を制限する）などの施策もあるが，自動車の使用ニーズに合わせた対応が難しいというデメリットがある。ロードプライシングの場合は，使用者自らの選択（料金とサービスを比較衡量）により公共交通機関を選ぶか，自らの運転を選ぶかという選択肢が与えられる点で優れている。その意味では社会が成熟し，個人の価値観が多様化している日本にも適していると考えられるが，この施策はアベノミクスの成長戦略との相性も良い。地域の道路の利用状況に応じて収入が生じるため，今

図7-1　ロードプライシングの運用（シンガポール）

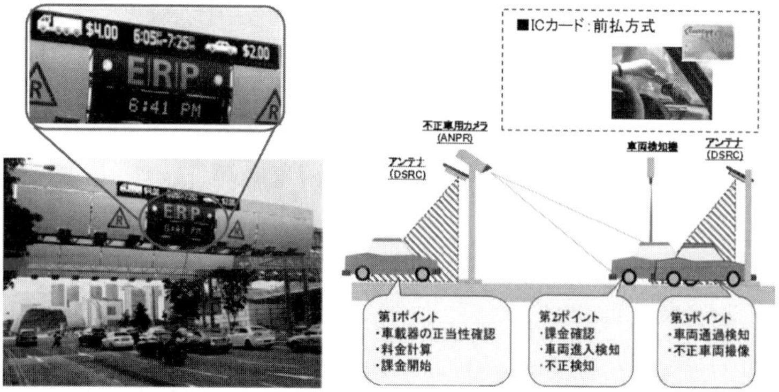

（出所）　国土交通省道路局資料。

後巨額の資金が必要とされる都市の道路の更新投資，公共交通の整備，荷卸しスペース，パーク＆ライド（P&R）用駐車場他の都市交通インフラ整備の財源として活用が可能となる．都市で生じた収入をその都市の交通インフラの改善のために使うのであり，受益者と負担者が一致している点は望ましい．

このように時代にマッチした交通施策ではあるが，日本では過去に東京都や鎌倉市で導入の検討が進められたものの，十分な合意形成が進まず実現までには至っていない．鎌倉の場合は，ロードプライシングにより区域外からの買い物などの利用が減ることを心配する地元の商店主等が反対し，実現に至らなかった．ただし，その後，鎌倉で論点となった地域の経済活動に対する悪影響という欠点を改善した「駐車デポジットシステム[3]」のような研究もでてきており，適用可能性はより高まっている．

ロードプライシングは，従来（見た目上）無料で道路を使っていた自動車利用者にとっては，直接的な金銭的な負担増となることから個人としては異を唱えることになりやすい．しかし「（見た目上の）無料」の結果，前述の「共有地の悲劇のメカニズム」により結局は社会全体で大きな時間的な損失を負担していることまで考慮すれば，現在の日本にとっては積極的に検討されるべき施策であろう．ロードプライシングが適用されることで，高付加価値のサービスを提供できる者が，より効率的に移動することが可能になれば，都市の生産性を上げ，結果として経済成長に寄与することになろう．

7.3 人と共生する都市の道路交通

ロードプライシングを中心とする施策が導入されることにより，マクロレベルで都心部の交通量は適正化され，今まで十分に機能していなかった都市の道路機能の正常化に一歩近づくこととなる．成熟社会を迎えグローバルな競争力のある都市の実現を目指すためには，ミクロレベルの道路機能の高度化を通じた「人間の住みやすい都市」の設計が重要である．本節においては，都市の道路の部分部分に着目し，各所において発生しているボトルネックをどのように

解消していくかについて検討を行う。

　前節で触れた通り，日本の都市の道路は，異なる交通モードが混沌と雑居しており，道路機能が安全かつ十分に機能していない。道路のうち自動車が利用する部分は大きな割合を占め，道路いっぱいに自動車が溢れている。4車線（片側2車線），6車線ある道路においても，朝夕のラッシュ時にも左端の車線には違法駐車の自家用車や荷卸のためにハザードランプをつけたまま移動する様子もないトラック，時間調整のために長時間停車をしているバスや大型貨物車などが渋滞の原因となっている。2006年に違法駐車対策等のために導入された駐車監視員制度などが，しっかりと機能していれば，都市の渋滞もかなり減少するはずだが，残念ながら実態面ではそうはなっていないようだ。

　少なくとも，交通渋滞発生時間帯の駐停車禁止についてはより厳格に運用するとともに，コンビニや宅急便などの荷物の積み下ろしについては，一部の宅配会社が行っているように，急速に数が増えているコインパーキングの利用と組み合わせた台車利用の活用などにより渋滞発生を防ぐことが可能となる。これについても前節のロードプライシング同様に個人レベルでのコスト増を理由に反対の意見も出てこようが，公道に停車することで渋滞を発生させているのであれば，原因者がそのコストを負担することは社会全体にとって合理的である。

　現状では左側車線や路側帯への駐停車車両が多いため，原則軽車両として車道の左側を通行する自転車の多くは歩道を走ることを選択する。2013年12月から道路交通法改正で自転車の車道の通行については左側通行のみとなったが，例外として徐行で走ることのできる歩道上については左右両方可のままであり，依然かなりのスピードを出して歩道上を暴走する自転車も散見される。幸い死亡事故の激増までには至っていないものの，歩行者と自転車の間での小さな接触事故は増えている。マナーの問題といってしまえばそれまでだが，免許が要らないという中途半端な立場の自転車は，自動車以上に違法行為（無灯火，傘や携帯を片手に持ちながらの運転，二人乗り，スピード違反）が問題として運転者自身に認識されにくく，歩道通行可という本来過渡的な規定についても見直しが必要となろう。

都市の自動車交通量を減らすことができれば，次に取り組むべきは自転車専用レーンの整備である。従来，東京などの大都市においては，一般道路の幅員の狭さから自転車専用レーンの整備は積極的に行われてこなかったが，ロードプライシングにより自動車交通量が減少すれば自転車専用レーンの整備が可能となる。自転車大国として知られるオランダは九州とほぼ同じ面積だが，自転車専用道・自転車レーンの総延長は約3万kmと日本の高速道路の総延長の4倍弱に及び，自転車による通勤も全体の3割を占めている。日本は国土も広く，平らで都市の多いオランダとは置かれた状況は異なるが，未来の都市の交通手段を考えるにあたってオランダにおける自転車交通のあり方から学べるところも多い。オランダは，1970年頃までの自動車増加に伴う交通事故の急増と1973年の石油危機をきっかけに，自転車大国への道を歩み始めた。日本の都市も自動車の洪水から開放され，「人間の住みやすい都市」を目指すのであれば，都市国家としてのオランダのあり方は大いに参考になるだろう。

　ミクロレベルの都市道路改良の第2の打ち手は，交通ボトルネックの解消である。道路は工場における生産ラインと同様，「道路交通を流す」プロセスと見ることも可能であり，シックスシグマ的なアプローチを用いることでプロセスの改善が可能となる。個々の交通ボトルネック解消の第一歩は，生産ライン同様どこに問題があるかの分析をすることであるが，ITシステムの発達もあ

図7-2　オランダの自転車専用レーン

（出所）左：アムステルダム市内の歩車分離され独立した自転車レーン。右：世界遺産『キンデルダイクの風車群』付近の自転車専用道路（左右写真ともに筆者撮影）。

り，道路交通情報についてはかなり細かいレベルでのデータ収集と分析が可能である。適切なデータ分析によりどのボトルネックを解消すべきかの解析は可能であり，その結果得られた仮説を現場にプロセス改善施策として適用することにより時間に応じた交通状況の改善施策を打つことが可能となる。

　現場での改善例として，ここでは①信号と②車線の運用の改良の2点について検討することとする。

　現在，多くの交差点において右折車両は右折の矢印信号に従うことでスムーズな右折を行うような工夫がなされている。一方，特に都市の朝夕の通勤時間帯には，左折車両が青信号であるにもかかわらず，同じく青信号で横断歩道を渡る歩行者を待つために全く左折が行えずに渋滞の原因となっているケースが散見される。道路状況や周辺に通勤・通学する会社や学校等の立地の有無により状況は異なるため，一律の対応策があるわけではないが，例えばそれが通勤などの一時的な状況によるものであれば，その時間だけスクランブル交差点のような歩車分離式にするなど信号操作を工夫することで，交通状況の改善が可能となる。道路の機能は如何に自動車を滞留させることなく流すことであるとすれば，先ずは慢性的に渋滞が発生している交差点を中心にこれらのソフト対策を打ち，それでも解決に至らないケースで初めて，ハード施策である立体交差建設を行うといったメリハリをつけた道路施策が可能となる。

　一方，車線の運用の改良も大きな可能性を秘めている。都市では朝と夕方の通勤時間帯を中心に，時間帯により上下方向の交通量が大きく入れ替わる路線が存在する。この場合も先ずはデータ分析により実際の交通量と道路の容量の間の分析を行うことになるが，面としてみた場合にある方向への交通量が極端に多い場合などは一部道路の全面一方通行化を行うとか，時間に応じて一部車線をリバーシブルレーンとして運用することで，道路の利用効率を高めることが可能となる。例えば，4車線道路（片側2車線）の道路が，仮に朝と夕方の交通量比率が3：1であったとすれば，終日双方向片側2車線の運用を止め，朝は片側1車線，反対3車線，夕には片側3車線，反対1車線というような運用を行うことも可能であろう。日本では現状あまり見られないが，東京の永代橋・永代通り（中央区・江東区）にリバーシブルレーンの適用例がある。

図 7-3　リバーシブルレーン

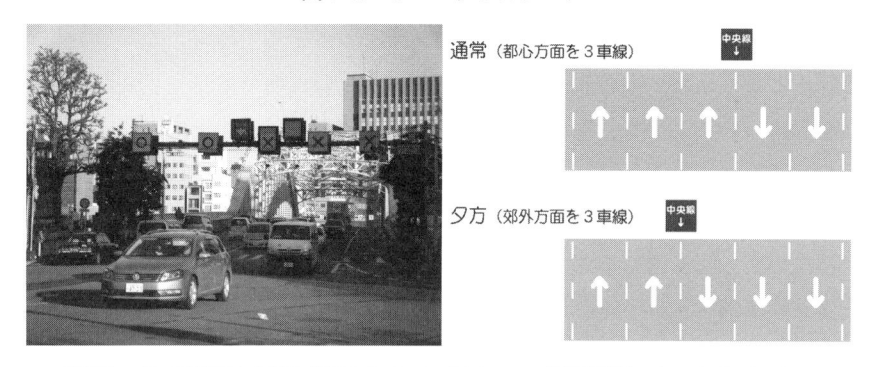

（出所）左：東京都中央区永代橋のリバーシブルレーン（筆者撮影）。右：リバーシブルレーンの概念図。

7.4　都市交通機関で高める都市の魅力

　前節まで述べたような，都市交通の適正化施策が行われることで，バス，LRT，タクシー等の交通機関が今まで十分に発揮できなかった機能を発揮し，都市交通のサービスレベルを高める余地が出てくる。自動車の代替交通機関としてのエコな交通手段である自転車の活用に加え，慢性化する渋滞により定時性が確保できなかった路線バスや，本来速達性はあるはずだか，道路状況に左右されてきたタクシーを十分に活用して，都市の魅力を高めることが可能となる。

　本節では，都市の競争力を高めるための次の打ち手として，都市再生のために都市交通機関を活用するための施策を整理する。

（1）　バス交通

　都市交通としてバスは重要な役割を果たしている。自家用車の2〜3台程度の大きさであるが，10倍程度の70名（座席定員は25席）を一度に運べ，また路線も柔軟に設定が可能である。日本の都市の大量交通手段としては，バス

の10倍以上の輸送力を持つ地下鉄やJR，民鉄などの都市鉄道が第1に来るが，都市内の移動の場合，階段の上り下りや駅までの遠距離の移動が必要となる都市鉄道よりも，将来の都市内交通としてバス活用の可能性は高い。導入が進む低床車は，少子高齢化社会を迎える中でより好まれる移動手段となるだろう。都市交通としての強みを多く持つバスには，残念ながら現状ではその強みを大きく打ち消す弱み，すなわち，定時性の問題により十分に活用されるまでには至っていない。しかしながら，TDM導入により定時性の妨げとなっている交通渋滞は解消され，上述のようなメリットを享受することが可能となる。

　前節において異なる交通モードを分けることで都市の道路交通の改善が可能となることについて述べたが，都市内においてバス交通の定時性確保のために，バスレーンを設置する事例も国内外に多く見られる。バスレーンの設置により，鉄軌道と同等の定時性が確保されるメリットがあるが，路線バスに加え都市間高速バスや空港へのリムジンバスなども同様にバスレーンの通行を可能とすることにより，荷物の多い海外からの観光客にとって使い勝手の良い交通システムとしての活用が可能となる。

図7-4　台北市内のバスレーン

（出所）左：台北市内のバスレーンと停留所0500〜2400までバス専用レーンとなっている。右：台北市内のバスレーン。市内バスのみならず，都市間中距離バス，空港リムジンバスの乗り入れも可能となっており，定時性が確保されている（左右写真ともに筆者撮影）。

(2) タクシー

都市の競争力に直結する交通機関としてタクシーを検討する。海外，地域外から訪れる顧客の中でも，ビジネス，観光など比較的付加価値の高いサービスを提供する都市の競争力にとっても重要な公共交通機関である。

タクシーについても，前述のバス同様に定時性の問題があるが，TDMにより都市内の交通量が適正な水準に調整されれば，その機能を十分に発揮できるための条件が整うことになる。日本のタクシーは世界的に見て，安全，安心，親切など比較的評価が高い。一方，不満を挙げるとすればアジアなどと比べて値段が高い点はあるが，それでもロンドンのタクシーと比べれば決して高くはない。むしろ問題なのは，その高い一律の料金に値するサービスを十分に提供できているかどうかという点である。個人タクシーと法人タクシーの間の差もあれば，同じ法人タクシーの中でも運転手により能力はまちまちであり，地理不案内な運転手であっても，ベテランの運転手と同じ料金が請求される。

2002年のタクシー業界の規制緩和により，東京都内のタクシー台数は4万台から6万台に増えたが，国土交通省の期待した競争によるサービス向上は起こらなかったようだ。なぜならば，単に数が増やされただけで目指すべき方向，すなわち「サービスの向上」が明確にされた競争は起こらなかったからだ。台数調整が廃止され，新規参入や増車が原則自由になったために車両数が増えたが，それと同時に経験不足の運転手も増えた。特に法人タクシー会社は簡単に台数を増やすことができ，また給与を歩合性にすることで個々の運転手にリスクを移転することが行われ，会社にとってはリスクは負わずにさらに増車を行うインセンティブが存在した。タクシー台数は増えたものの，料金も一部を除いて下がらず，結果として個別のタクシー運転手の労働条件の悪化の弊害が出た。国土交通省もタクシー運転手の窮状を見て，再度規制強化を行う方向を打ち出したが，この規制緩和⇒タクシー運転手の労働条件悪化⇒規制再強化からは，優先されるべき利用者の利便性向上の観点は全く見えてこない。現行の国土交通省のタクシー政策からはどのようなタクシーサービスを利用者に提供したいのかが明確でない。

経済の成熟化，グローバル化に伴い，顧客のニーズは多様化している。海外や地域外から訪れた顧客からすれば，タクシーの運転手に対し地理的知識は最低限求める能力であるし，外国人であれば英語で会話が成立しなければタクシーの利用もできない。また，車両についても一律に4〜5人乗りの小型，中型車のみならず，グループで旅行や出張する際に大型車を利用したいというニーズもあるかもしれない。一方，旅慣れた利用者であれば，新米の運転手でも逆に道を教えて，目的地まで到着できるかもしれない。経験が比較的不足する運転手でもその分料金が安くなるのであれば，喜んで道を知らない運転手の車に乗ることもあるだろう。

　タクシー業界そして監督官庁である国土交通省に望まれるのは，このような多様性のあるタクシーサービスの提供である。最近，都内でタクシーに乗ると「優良マーク」（図7-5）を車体の前面に掲げたタクシーを見かけることが多くなった。都内の一部JR駅，羽田空港等13カ所のタクシー乗り場には，「優良タクシー乗り場」が設置され，「優良マーク」が付いているタクシーのみの入構が認められている。タクシー業界も顧客の観点に立って個々の運転手のサービスレベルについて開示するようになったかと思い，運転手に話を聞いてみると「優良」は個人の評価ではなく，法人タクシー事業者毎の「接客サービス」，「安全」，「交通違反等の有無」の評価とのことであった。タクシー事業者が優良であるに越したことはないものの，顧客から見れば重要なのは個々のタクシ

図7-5　優良タクシーマーク

（出所）　左，公益財団法人東京タクシーセンターホームページ。右，東京駅の優良タクシー乗り場（筆者撮影）。

ーの運転手のサービス水準の情報である．現行の法人中心の規制では，各運転手のレベルアップに結びつかない．求められるのは，個々の運転手の質の向上を図ることに役に立つ個人毎の認証・免許制度であろう．

(3) 河川交通

本節の最後に，都市における，道路交通の代替手段として期待される河川交通について触れておきたい．

東京，大阪を始めいくつかの都市には，小規模の船舶の航行が可能な河川が貫流している．自動車や鉄道の存在しなかった江戸時代までは，都市の経済を支える重要な役割を果たしてきた河川交通であるが，明治以降そして特に戦後においては，道路網の発達もあり，殆ど陸上交通にその役割を譲っている．世界的に見ればアムステルダムや香港など（香港の場合は海峡間）において，日常の旅客輸送や貨物輸送にも依然積極的に活用されている例もあるが，国内を見れば，現在，東京，大阪でそれぞれ隅田川，大川（淀川支流）に観光目的の水上バスが運行している他は，日常の旅客輸送や貨物輸送においては河川交通はさほど活用されていないように見える．

陸上交通と比べて水上移動の燃費が良くないことや，スピード面で敵わないといったことが，積極的に活用されていない理由であるようだが，道路交通の負荷軽減という観点からは河川交通には大きく活用できる余地が残っている．旅客船は，乗船人数が多くなければ採算が合わないという問題はあるが，船舶には大きな荷物を移動する場合の優位性がある．また，阪神大震災では船舶による救援活動も行われた．今後，東海，南海トラフ大震災等が発生し，陸上交通に被害があった場合でも，救援物資や救助人員を中心に河川交通により輸送が可能な体制を整えておくことは，都市の耐久性（resilience）を確保するためにも意味があることである．道路交通の代替交通手段としての河川交通との連携についても，今後，意識しておく必要がある点を強調して，本章を閉じることとする．

(注)
(1) 関東地方整備局「首都圏における交通渋滞の現状」ホームページより。
　　▶東京都心は千代田区，中央区，港区を対象。
　　▶平成21年4月～平成22年3月（昼間12時間帯）のトラフィック・カウンターによる交通量データ及びプローブ・カー・システムによる速度データを元に算出。
　　▶区間毎の年間実績速度の上位10％値を渋滞等がない時の自由走行速度と見なし，これにより基準所要時間を算出。
　　＊旅行速度及び損失時間は現時点における算出値であり，今後のデータ追加等により異同がある。
(2) シンガポールのロードプライシングに興味のある方は，国土交通省の道路局資料を参照願いたい。
(3) 名古屋大学の森川高行教授が提唱されたシステム。詳細は森川〔2010〕参照。

第Ⅲ部

グローカル・マインドの実践へ

第 8 章　欧米の空港経営から学ぶ
第 9 章　求められる関西の空港改革
第10章　観光先進国への道
第11章　成長戦略の鍵＝三位一体

第8章　欧米の空港経営から学ぶ

8.1　冷戦終結と軍用空港の活用

　1980年代末の冷戦終結以降，欧米における空港運営に大きな変革が起きている。交通関係の省庁よりも，むしろ防衛関係の省庁が予算削減を目的に，軍事関連施設の資産売却を促している。不要になった住居，倉庫，飛行場などの施設を民生用に売却する措置が，90年代から様々な形で展開されてきた。いわゆる「官業払下げ」に相当するが，空港に関しては都市圏近郊におけるセカンダリー空港として，LCCや新たなキャリアを誘致する起爆剤になっている点は注目に値する。

　世界的に軍事大国として知られる米国では，2005年に国防総省（Department of Defense）から「軍用飛行場の民間空港への転換」（Converting Military Airfields to Civil Airports）という報告書が公表された。わずか15頁の本文と巻末の補足からなるが，ガイドラインとしては，次のような5項目が簡潔に示されている。

① 統合空港システム計画への参加
② 空港支援者（Airport Sponsor）の決定
③ 国防総省・経済調整局（Office of Economic Adjustment：OEA）との協議
④ 空港マスタープランの作成準備
⑤ 環境レビューと影響分析

　また手続きに関しては，重複する項目も含まれるが，次のような10項目があげられている。

① 空港支援者の決定
② 連邦航空局 (Federal Aviation Administration：FAA)・地方事務所への連絡
③ 国防総省・経済調整局との協議
④ 陸海空軍・資産処理局への連絡
⑤ 統合空港システム計画への参加
⑥ 空港マスタープランの作成準備
⑦ 民間空港の潜在力評価
⑧ 公益譲渡の申請
⑨ 再開発助成金の要請
⑩ 事業運営の開始

民生用転換の実例としては，2005年時点で表8-1の通り24空港があげられたが，次のように分類されている。
① 権利証書 (Deed) に基づき，軍用空港資産を民生用空港支援者に移転した事例，8空港。
② 長期リースに基づき，軍用空港資産を民生用空港支援者に移転した事例，11空港。
③ 共同利用として，軍用空港資産を民生用空港支援者に移転した事例，2空港。
④ 軍用空港資産を民生用空港支援者に移転する計画中の事例，3空港。

米国の軍用空港は株式売却を通して民営化するのではなく，権利証書や長期リースという手法を通して，空港支援者に運営を任せている。空港支援者として認められているのは，州政府，自治体，公的組織であるので，軍用空港の所有権が民間企業に転換しているわけではない。円滑な民生用への移行が可能になるように，制度そのものは極めて簡略化されている。巻末にFAAやOEAの連絡先として，本部のみならず地方事務所に関しても，住所，電話番号，ファックス番号，担当者氏名，eメールアドレスが詳細に記載されている点から，

表 8-1　米国軍用空港の民生用転換

分類	軍用空港名	立地点・州	閉鎖手続き	民間空港名
①権利証書	Fritzsche AAF	Marina, CA	1991-95	Marina Municipal
	Norton AFB	San Bernardino, CA	1988-94	San Bernardino International
	Agana NAS	Agana, GU	1993-98	Guam International
	Barbers Point NAS	Oahu, HI	1993-97	Kalaeloa
	Bergstrom AFB	Austin, TX	1991-93	Austin-Bergstrom International
	Williams AFB	Phoenix, AZ	1991-93	Williams Gateway
	Cecil Field NAS	Jacksonville, FL	1993-98	Cecil Field
	K.I. Sawyer AFB	Gwinn, MI	1993-95	Sawyer Airport
②長期リース	Chanute AFB	Rantoul, IL	1988-93	Rantoul National Aviation Center
	George AFB	Victorville, CA	1988-92	Southern California Logistics
	Mather AFB	Sacramento, CA	1988-93	Sacramento Mather
	Pease AFB	Portsmouth, NH	1988-91	Pease International Trade port
	Castle AFB	Merced, CA	1991-95	Castle Airport
	England AFB	Alexandria, LA	1991-92	Alexandria International
	Myrtle Beach AFB	Myrtle Beach, SC	1991-93	Myrtle Beach International
	Rickenbacker AFB	Columbus, OH	1991-94	Rickenbacker International
	Wurtsmith AFB	Oscoda, MI	1991-93	Oscoda-Wurtsmith
	Memrhis NAS	Millington, TN	1993-95	Millington Municipal
	Tipton AAF	Odenton, MD	1988-95	Tipton Airport
③共同利用	Grissom ARB	Peru, IN	1991-94	Grissom Aeroplex
	March ARB	Riverside, CA	1993-96	March Inland Port
④計画中	Griffiss AFB	Rome, NY	1993-95	Griffiss Airpark
	Plattsburgh AFB	Plattsburgh, NY	1993-95	Plattsburgh Airbase
	Blackstone AAF	Blackstone, VA	1995-97	Perkinson/Baaf

（注）　略記については以下の通り。AAF：Army Air Field, AFB：Air Force Base, ARB：Air Reserve Base, NAS：Naval Air Station。
（出所）　Department of Defense［2005］に基づき筆者作成。

民生用転換を中央集権ではなく，地方レベルで個別に促そうとする政府の意向がうかがえる。

　都市圏近郊においてLCCや新規キャリアを誘致し，多様な路線設定に基づ

き需要拡大を図るためには，空港をグリーンフィールドから開発するよりも，軍用空港の民生用転換を活用する方がコストを抑制できる。米国とは対照的に，英国では株式売却による空港民営化事例が多い。その中で軍用空港民営化の好例として，ロビンフッド・ドンカスター・シェフィールド空港をあげることができる。この空港を運営しているのは，紡績業から倉庫・港湾経営に乗り出したピール（Peel）社である。

ピール社はショッピングセンターや不動産部門も展開しているが，ほとんどの業務をイングランド北部に集中させている。1997年のリバプール空港の株式取得によって，空港部門に参入することになり，その後，ダーラム・ティース・バリとドンカスター・シェフィールドの2空港を取得し，複数一括運営を強化した。3空港の乗降客数動向については，表8-2の通りである。2010年までは他国の関与を受けていない英国企業であったが，現在はカナダの投資ファンドが株主として参画している。

2005年に開設されたドンカスター・シェフィールド空港は，もともと1996年に廃止された旧空軍基地（Finningley）である。イングランド北部には複数の空港が存在するために，新たに参入することは難しいと考えられたが，同空港ではオープンした年に60万人，2年後に100万人を記録している。これは

表8-2　ピール社3空港の乗降客数動向

空　港	2002年	2003年	2004年	2005年	2006年	2007年
リバプール・ジョンレノン	2,835,088	3,175,343	3,351,922	4,409,018	4,962,460	5,463,234
ダーラム・ティース・バリ	669,068	700,487	794,874	901,917	911,925	734,849
ロビンフッド・ドンカスター・シェフィールド	―	―	―	600,651	947,150	1,074,373

空　港	2008年	2009年	2010年	2011年	2012年
リバプール・ジョンレノン	5,329,826	4,879,468	5,007,944	5,246,540	4,458,500
ダーラム・ティース・バリ	646,741	288,296	224,673	190,284	164,826
ロビンフッド・ドンカスター・シェフィールド	967,801	834,636	875,605	821,615	693,129

（出所）　Civil Aviation Authority 公表のデータに基づき筆者作成。

既にリバプール空港で実績のあるピール社が，LCC を中心に営業活動を展開できたからであり，複数一括運営の強みが活かされたケースと言える。また，ヨークやノッティンガムなど観光資源を持つ都市が近いことも，チャーター便を誘致する上で有利であった。

ドンカスター・シェフィールド空港は軍用空港の民営化と複数空港一括運営の併用によって，急成長を実現することができた。ピール社は，リバプール「ジョン・レノン」空港，「ロビン・フッド」ドンカスター・シェフィールド空港などのネーミングによっても，LCC を利用する顧客層を取り込むユニークな戦略を打ち出している。両空港の周辺には重工系企業も残っているので，ビジネス需要についても開拓できる環境にある。リバプール・ジョンレノン空港はマンチェスター空港と，またロビンフッド・ドンカスター・シェフィールド空港はリーズ・ブラッドフォード空港やイースト・ミッドランズ空港などと競合関係にあるが，後発ながら健闘している。

8.2 北欧における PPP の展開

(1) セカンダリー空港の整備

① ノルウェー：共用空港への LCC 誘致策

ノルウェーには，表8-3（次頁）に示されるように，Avinor が運営する 46 空港と，それとは別に独立的に運営されている 6 空港が存在する。Avinor は民間航空局（Luftfartsverket）を母体として，2003 年に株式会社化された空港運営会社である。その株式は政府により保有されていることに加え，46 空港のうち 12 空港は空軍との協力の下で運営されている点から，空港は実質的には政府によって管理されているものと判断できる。乗降客数が多いのは，首都のオスロ・ガーダーモエン（Gardermoen）空港だけであり，第 2 位の座にあるベルゲンでも 4 分の 1 ほどの規模である。その他の多くの空港は中規模，もしくは小規模な地方空港である。

表 8-3　ノルウェーの空港と利用者数（2011 年）

空港管理	空港分類・空港名		空港数	乗降客数
Avinor		Oslo, Gardermoen	1	21,103,623
	大規模空港	Bergen	3	5,601,394
		Stavanger		4,131,974
		Trondheim		3,926,461
	中規模空港	Bodø/Tromsø/Kristiansand 他	13	8,456,915
	地方空港	Florø/Brønnøysund/Hammerfest 他	29	1,879,636
	小　　計		46	45,100,003
Non-Avinor	Moss, Rygge		1	1,667,705
	Sandefjord, Torp		1	1,350,115
	Skien, Geiteryggen		1	46,995
	Stord, Sørstokken		1	24,123
	Ørlandet		1	6,751
	Notodden		1	3,423
	小　　計		6	3,099,112
合　　計			52	48,199,115

（出所）　Avinor 公表の資料に基づき筆者作成。

　オスロから南 60 キロに立地するリュッゲ（Rygge）空港は，1999 年に軍用から民間空港に移行し，セカンダリー空港としての機能を果たしている。空港の土地所有者は国防省不動産庁（Norwegian Defense Estate Agency）であるが，空軍が委託事業者として民間航空をコントロールする立場にある。商業施設であるターミナルビルとパーキングは，合弁企業（Rygge Sivile Lufthavn AS）が運営している。その株式の所有状況は，表 8-4 の通り，民間企業 3 社が 95％と地元自治体が 5％である。このように PPP の形態で空港運営を官から民へ移譲する試みが進められている。滑走路と管制塔は軍用としても使用されているので，厳密には共用空港という位置づけになる。管制業務を提供しているのは，前述した Avinor である。

表8-4　リュッゲ空港の商業施設所有者

株　主	所有比率	業務内容
Thon Holding AS	40%	不動産，ホテル
Orkla Eiendom AS	40%	食品，アルミニウム，金融
Østfold Energi AS	15%	再生可能エネルギー
Østfold County Municipality	5%	地方自治体，地域ディベロッパー

（出所）　Rygge Sivile Lufthavn AS 公表の資料に基づき筆者作成。

　ノルウェーの人口が約500万人であり，首都オスロがその約12%の61万人である点を考えると，ガーダーモエン空港が年間2,000万人を超える乗降客数を取り扱っている点は注目に値する。さらに，セカンダリー空港として開設されたリュッゲ空港については，その10%弱の167万人にも達している。そのような成長をもたらしたのは，表8-5に示されるように，同空港においてライアンエアーが多くの欧州路線を充実させたからである。周知の通り，同社はアイルランドに本社を置いているが，欧州全体をカバーする大手LCCである。LCCは拠点を変更する可能性が高いので，特定の1社だけに依存するのは必

表8-5　リュッゲ空港の路線（2013年9月）

国	目的地	航空会社	季節
ノルウェー	Bergen	DAT	
	Trondheim	DAT	
	Stavanger	DAT	
デンマーク	Aarhus	Ryanair	s
	Copenhagen	DAT	
ドイツ	Berlin Schönefeld	Ryanair	
	Frankfurt Hahn	Ryanair	s
	Dusseldorf Weeze	Ryanair	s

国	目的地	航空会社	季節
ベルギー	Brüssel Charleroi	Ryanair	
英　国	London Stansted	Ryanair	
	Manchester	Ryanair	
	Edinburgh	Ryanair	w ('13/11/6〜)
アイルランド	Dublin	Ryanair	
ポーランド	Gdansk	Ryanair	
	Krakow	Ryanair	
	Wroclaw	Ryanair	
	Poznan	Ryanair	w
	Lodz	Ryanair	
	Warsaw Modlin	Ryanair	
	Rzeszow	Ryanair	
フランス	Paris Beauvais	Ryanair	
	Béziers	Ryanair	s
	Toulon	Ryanair	s
イタリア	Venice Treviso	Ryanair	s
	Rome Ciampino	Ryanair	
	Palermo	Ryanair	s
	Milano	Ryanair	
	Cagliari, Sardinia	Ryanair	s
スペイン	Malaga	Ryanair	
	Malaga	Norwegian	
	Alicante	Ryanair	
	Alicante	Norwegian	
	Barcelona El Prat	Ryanair	
	Barcelona Reus	Ryanair	s
	Las Palmas	Norwegian	w
	Las Palmas	Ryanair	w
	Madrid	Ryanair	s
	Palma de Mallorca	Ryanair	s

国	目的地	航空会社	季節
スペイン	Valencia	Ryanair	s
	Tenerife	Norwegian	w
	Tenerife south	Ryanair	w
ギリシャ	Kos	Ryanair	s
	Thessaloniki	Ryanair	s
	Corfu	Ryanair	s
	Chania, Crete	Ryanair	s
マルタ	Malta	Ryanair	s
キプロス	Paphos	Ryanair	
ポルトガル	Faro	Ryanair	s
クロアチア	Zadar	Ryanair	s
	Pula	Ryanair	s
	Rijeka	Ryanair	s
エストニア	Tallinn	Ryanair	
ラトビア	Riga	Ryanair	
リトアニア	Vilnius	Ryanair	
	Kaunas	Ryanair	

（注）季節欄 s は夏季（4月～10月），w は冬季（11月～3月），他は通年の運航。
（出所）〈http://www.en.ryg.no/destinations〉に基づき筆者作成。

ずしも安定的な空港経営を保証するものではないが，共用空港であってもこのような航空会社を誘致して，新規需要の開拓に成功した事例が見られる。

② スウェーデン：民間企業と自治体による共有

スウェーデンには40空港が存在するが，他の北欧諸国と同様に，主要空港だけが大規模空港となっている。表8-6（次頁）の通り，10万人以上の乗降客数を取り扱うのは22空港であるが，2008年～09年にかけて，ほとんどの空港において金融危機の影響から旅客数が低下した。スウェーデン議会は09年12月に，地方路線への競争導入を視野に入れて，航空規制当局（Luftfartsverket）

表 8-6　スウェーデンの空港（年間旅客数 10 万人以上）

空港名	所有形態	2011 年
Stockholm/Arlanda	▲	19,056,143
Göteborg/Landvetter	▲	4,899,973
Stockholm/Skavsta	●	2,581,639
Stockholm/Bromma	▲	2,181,064
Malmö airport	▲	1,944,887
Luleå/Kallax	▲	1,066,485
Umeå	▲	956,046
Göteborg/City	●	772,669
Ängelholm	●	396,757
Åre Östersund	▲	377,795
Visby	▲	340,599
Sundsvall/Härnösand	▲	282,245
Skellefteå	○	277,956
Ronneby	▲	227,497
Växjö/Kronoberg	○	180,640
Kalmar	○	176,877
Kiruna	▲	164,142
Stockholm/Västerås	○	150,190
Norrköping/Kungsängen	○	114,088
Karlstad	○	108,893
Halmstad	○	104,755
Linköping/Saab	●	103,150

（注）　▲は政府，○は地方自治体，●は民間企業が所有する空港。
（出所）　Swedish Transport Agency [2012] に基づき筆者作成。

第 8 章　欧米の空港経営から学ぶ　133

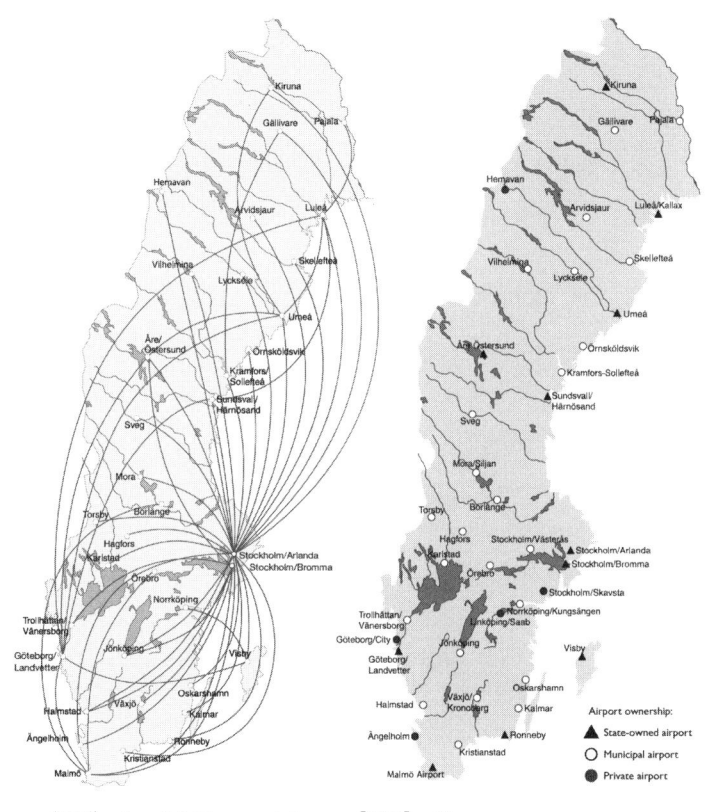

図 8-1　スウェーデンの国内路線と空港立地

（出所）　Swedish Transport Agency［2012］p.24.

から空港運営会社を分離することを決定した。翌10年4月に，新たにSwedaviaが株式会社として設立され，上位空港の多くがこの空港会社によって運営されている。それ以外の空港は，基本的に地方自治体によって運営されるが，一部が民間に譲渡された事例もある。

図8-1にも示されるように，空港名にストックホルムを冠する空港は4つもある。その中で，軍用空港であったスカブスタ（Skavsta）空港は株式売却を通して，1998年に英国企業であるTBIに売却された。その後，TBIはスペイン企業であるACDLに買収された。同社はバルセロナに拠点を置く建設会社

アベルティス（abertis）とスペインの全空港を運営するアエナ（Aena）の共同出資会社である。同社は英国のルートン空港をコンセッションで運営してきただけでなく，カーディフ空港とベルファスト国際空港をも所有・運営してきた。さらに，関連会社を通して，メキシコの空港経営にも参画している。ACDL によるスカブスタ空港の持ち分は 90.1％であり，残りの 9.9％は地元ニュヒェーピング（Nyköping）の自治体によって保有されていた。しかし，第 2 章で解説した通り，アベルティスの撤退により，スカブスタ空港は 2013 年 7 月に米国企業（ADC & HAS Airports Wordwide）に転売されることになった。

　スカブスタ空港に加え，ストックホルムの南西に立地するリンシェーピング（Linköping）空港も，民間企業によって運営されている。同空港の所有者は自動車・航空機メーカーのサーブ（SAAB）であり，同社の試験飛行に使用されてきた。1979 年から，民間航空の定期便が就航する空港に移行している。滑走路は 2,100m であり，年間乗降客数は能力としては 20 万人を扱えるが，実際にはその半分の 10 万人である。同空港はサーブの完全子会社となっているが，実際の運営に関しては，地元自治体も協力している。自治体は FlygMex AB という組織を設立して，空港周辺の都市開発を進めてきた。とりわけ，航空機製造を中心とした企業を誘致し，ビジネスパークとして地域振興を図っている。

　さらに，スウェーデン西部の都市ヨッテボリーに注目すると，第 2 位のヨッテボリー・ランドベター（Goteborg-Landvetter）空港は Swedavia によって運営されているが，もう 1 つのヨッテボリー・シティ（Goteborg-City）空港は自動車・航空機エンジンのメーカーであるボルボ（Volvo），地元のヨッテボリー市，Swedavia の共同所有によって運営されている。旅客数規模では前者の 15％程度に過ぎないが，第 8 位の座にある。もともと軍用空港であったが，1976 年から民間空港として利用され，2000 年に共同所有形態へと移行した。01 年からライアンエアーが多数の路線を開設した上に，06 年からポーランドのウィズエアーも参入したので，乗降客数は増加してきた。

(2) 基幹空港の戦略的改革

① デンマーク：政府とファンドの協力強化

デンマークには多数の空港が存在するが，そのほとんどが小規模空港であり，大規模空港は首都のコペンハーゲン空港だけである。年間乗降客数はリーマンショックの影響で減少したが，2011年には2,270万人であった。同空港は1990年に株式会社へ移行し，段階的に株式売却を進めてきた。政府の保有率については，1994年に75％，96年に51％，2002年に33.8％へと徐々に低下させてきた。2005年に，オーストラリアのファンド会社であるマッコーリーが株式取得に乗り出し，一時は単独で60％近くを保有していた。現在はマッコーリーに加え，カナダのオンタリオ教職員年金基金（OTPP）も参画している。

現実には同空港は，CPHという株式会社により運営されているが，その株主構成については，表8-7の通りである。同表から，CPHがデンマーク政府とマッコーリー・OTPPグループの共有状態にあり，その比率が4：6で，後者の方が大株主となっている点が明らかになる。マッコーリーはエネルギーや運輸セクターなどを中心に，世界のインフラに投資を行っているが，オーストラリア・シドニー空港やベルギー・ブリュッセル空港，英国・ブリストル空港

表8-7　CPHの株主構成（2012年12月末）

株主構成	シェア	親会社
デンマーク政府	39.2%	
Copenhagen Airports Denmark ApS（CAD）	57.7%	Macquarie European Infrastructure Fund III
		Ontario Teachers' Pension Plan（OTPP）
海外 個人投資家・機関投資家	1.8%	
国内 個人投資家・機関投資家	1.3%	

（出所）〈http://www.cph.dk/CPH/UK/INVESTOR/Share+Information/Ownership/〉に基づき筆者作成。

表 8-8 CPH の航空収入

航空収入　DKK（百万）		2009 年	2010 年	2011 年	2012 年
収　入		1,566.3	1,691.4	1,835.9	1,931.7
	離着陸	440.3	369.3	386.2	378.2
	乗降客	686.2	832.4	836.9	898.9
	セキュリティ	284.0	325.7	416.1	444.0
	ハンドリング	98.5	110.3	143.2	155.3
	駐機料など	57.3	53.7	53.5	55.3
課税前利益		191.4	195.3	299.4	308.6

（出所）　Copenhagen Airports A/S［2011］［2013］に基づき筆者作成。

表 8-9 CPH の非航空収入

非航空収入　DKK（百万）		2009 年	2010 年	2011 年	2012 年
収　入		1,322.3	1,510.9	1,484.3	1,563.0
	コンセッション	725.8	849.4	943.7	1,020.1
	ショッピングセンター	512.5	543.1	615.4	683.0
	パーキング	158.9	255.1	275.1	287.4
	その他	54.4	51.2	53.2	49.7
	不動産	251.7	326.8	181.6	189.8
	建物	174.3	258.2	125.4	133.1
	土地	69.5	55.2	46.1	48.5
	その他	7.9	13.4	10.1	8.2
	サービス	344.8	334.7	359.0	353.1
	ホテル	187.7	176.5	187.6	182.0
	その他	157.1	158.2	171.4	171.1
課税前利益		835.2	965.9	951.8	1,026.1

（出所）　Copenhagen Airports A/S［2011］［2013］に基づき筆者作成。

にも株主として関与してきた。首都の空港に他国企業が出資しているケースは英国でも見られるが，中央政府とファンド会社の共有状態が維持されているというのは極めて稀なケースである。

　CPHが経営戦略として重視しているのは，商業収入の増加であるが，同空港の航空（エア・サイド）収入と非航空（コマーシャル・サイド）収入の実績は，表8-8・表8-9の通りである。一般的に，ファンド会社は非航空収入が全体の30％以上になるように努力するか，あるいは30％以上の空港に対して投資を行う。それと比較すると，同社の比率が概ね45％に及んでいる点から，非航空収入の好調さが浮き彫りになる。さらに，課税前利益の大きさに注目すると，非航空収入部門が航空収入部門の約3～5倍にも達していることがわかる。

　非航空収入の35％～40％は，ショッピングセンターに依存している。2010年にLCCをターゲットにした施設「CPH Go」が開設されたが，実はこれは従来からのターミナルビルに併設した新しいゲートである。ビル中央部から徒歩で10分足らずであるが，棟続きであるので，その施設を利用する乗降客も既存のショッピングセンターを使っている。「CPH Go」はLCC向けに建設されているので，広いスペースにトイレと簡素な売店しかない。利用者は従来のショッピングセンターで買い物をしてから搭乗ゲートにくるので，今後も収入は伸びると考えられる。

　コペンハーゲン空港は北欧のハブとして重要な役割を果たしてきた。フラッグ・キャリアSASの株式は2012年10月末段階で，スウェーデン政府21.4％，ノルウェー政府14.3％，デンマーク政府14.3％により保有されている。このように複数国によって所有されている点で，世界的に珍しい国際キャリアである。かつては就航率や定時性で定評のある優良企業であったが，航空自由化の中で業績が悪化してきた。スカンジナビア以外のキャリアと合併する可能性もあったが，結果的に実現せず，スターアライアンスの中で業績の改善が図られている。

　CPHの航空収入に占めるSASの比率は，2008年から10年にかけて，46％，44％，40.5％と年々低下してきたのに対して，LCCの比率は17.9％，20.8％，

25.4％と増大してきた。エアベルリン（airberlin），イージージェット（easyJet），ニキ（NIKI），ノルウェジアン（Norwegian），ブエリング（Vueling）などのLCC が同空港を利用しているが，SAS が不振であるだけに，さらに新たなLCC による路線設定が求められる。利用者サービスの向上を図るために，自動チェックインの設備は SAS とそれ以外のキャリアの両方に対応するように設定されている。また，ターミナルビル内に「動くインフォメーション」として，「i」マークのユニフォームを着用したスタッフが柔軟なサポート機能を提供している点は評価できる。このようなハードとソフトの組み合わせが，空港間競争の中でリピーターを作ることに寄与していると考えられる。

② **フィンランド：公的管理下で新路線の開拓**

フィンランドは欧州の中でも北東のエッジに位置しているので，旅客移動の点で優位性は大きくない。国内には 25 の主要空港が存在するが，図 8-2 に示されるように，首都ヘルシンキのヴァンター（Vantaa）空港が地理的に最南端に立地しているために，多くの路線がヘルシンキを起点とした 2 地点間輸送となっている。滑走路，乗降客数，貨物量，いずれの観点から見ても，大規模空港はヴァンター空港だけである。フィンランドの乗降客数は，リーマンショックの影響で 2009 年に前年度比で 8％減少したが，国際線を強化する方策が功を奏し，11 年には 16％も成長し，1,900 万人を超えることになった。

すべての空港はもともと国防省の下で管理されてきたが，2002 年から 03 年にかけて軍用から民生用に転換された経緯がある。空港管理は当初，運輸コミュニケーション省の傘下の民間航空局が管理していたが，06 年に空港運営組織として Finavia が設立され，規制当局から分離されることになった。Finavia は株式会社であるが，その株式はすべて政府が保有している。したがって，フィンランドでは公的管理の下で，25 空港が一体運営されているとみなすことができる。財務面からは，ヴァンター空港が他空港を支えることが前提とされている。

ヴァンター空港が内部相互補助の原資を生み出すためには，同空港の活性化が不可欠であると考えられている。表 8-10（140 頁）が示すように，欧州線，

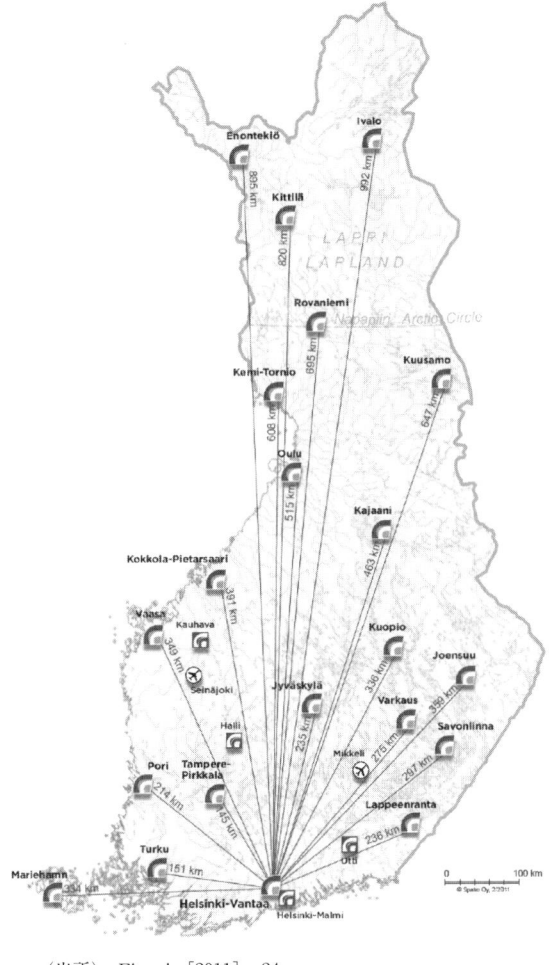

図 8-2　フィンランド空港立地点

（出所）　Finavia［2011］p.24.

国内線を除くと，タイ，中国，日本の利用者数が多い。Finaviaはフラッグ・キャリアであるFinnairとの協力により，「アジアから一番近いヨーロッパ」を謳い文句にしている。同社はワンワールドに加盟しているので，ストックホルムやコペンハーゲンをベースにするスターアライアンスのSASと競争関係の中で成長してきた。欧州域内の主要都市への乗り換えをしやすくするととも

表8-10 ヴァンター空港の目的地別利用者数（2010年）

目的地	国名	旅客数（人）	目的地	国名	旅客数（人）
Stockholm	スウェーデン	824,682	Rome	イタリア	152,458
London	英国	652,409	Malaga	スペイン	152,162
Oulu	フィンランド	574,898	Milan	イタリア	151,690
Copenhagen	デンマーク	573,148	Beijing	中国	149,980
Paris	フランス	491,146	Barcelona	スペイン	149,025
Frankfurt	ドイツ	454,893	Tallinn	エストニア	147,458
Amsterdam	オランダ	410,504	Tokyo	日本	145,596
Munich	ドイツ	335,948	Kittila	フィンランド	139,773
Oslo	ノルウェー	281,766	Kansai Osaka	日本	138,098
Berlin	ドイツ	245,086	Prague	チェコ	136,989
Rovaniemi	フィンランド	237,585	St. Petersburg	ロシア	135,417
Riga	ラトビア	230,408	Madrid	スペイン	125,259
Bangkok	タイ	227,139	Moscow	ロシア	124,116
Kuopio	フィンランド	206,843	Istanbul	トルコ	119,832
Brussels	ベルギー	198,206	Manchester	英国	118,137
Vaasa	フィンランド	192,833	Warsaw	ポーランド	116,631
Vienna	オーストリア	187,926	Antalya	トルコ	113,489
Dusseldorf	ドイツ	169,801	New Delhi	インド	111,281
Budapest	ハンガリー	166,743	Tenerife	スペイン	109,036
Las Palmas	スペイン	163,156	Joensu	フィンランド	108,671
Goteborg	スウェーデン	161,364	Chania	ギリシア	107,337
Hong Kong	中国	160,602	Seoul	韓国	104,031
Shanghai	中国	157,741	Nagoya	日本	98,029
Zurich	スイス	156,028	Kemi-Torni	フィンランド	95,252
New York	米国	153,743	Ivalo	フィンランド	92,888

（注）　網掛けは国内線・欧州線以外の路線。
（出所）　Finavia [2011] に基づき筆者作成。

に，ターミナルビルの充実を図ることによって，中国と日本の需要を取り込んでいる。政府がFinnairの株式を55.8％保有している点から，強力なPPPによってアジア戦略が進められていると判断できる。

また，隣国ロシアとの路線についても，いくつかの理由から重視されている。同空港はモスクワと1時間50分，サンクトペテルブルグと55分で結ばれているため，欧米のビジネス関係者がロシアへ入る上で，利便性の高い空港である。また，フィンランドの地方都市にはロシアの高所得者層がセカンドハウスを持っているので，国内地方空港の路線も重要と考えられる。過去に軍用空港であったそれらの空港の多くは，A320やB737などの中型機が就航できる2,000m〜3,000mの滑走路を備えている。欧州内でエッジに立つという地理的に不利な条件を，国際線の視点から有利な要因に転換し，需要増大につながる路線を開拓している点は注目される。

8.3　国境を越えた空港共同運営

(1)　フランスADPとオランダ・スキポールグループ

フランス・パリの主要空港を運営しているのが，ADP（Aéroports de Paris）であることはよく知られている。この空港会社はシャルル・ド・ゴール（Charles de Gaulle）とオルリー（Orly）の他に，パリで最も古い空港であり，現在はビジネス・ジェット専用として使用されているル・ブルジェ（Le Bourget）も動かしている。2012年の乗降客数はシャルル・ド・ゴールが6,100万人，オルリーが2,700万人，合計8,800万人で，国内で上位2空港がADPの傘下にある。3空港の基本データは，次頁の表8-11の通りである。

航空自由化に伴い欧州内でLCCが躍進してきたが，2004年にレガシー・キャリアであるエールフランスは経営強化を図るために，オランダのKLMと合併した。これによって，パリのシャルル・ド・ゴール空港とアムステルダムのスキポール空港をデュアルハブとして，効率的に路線を設定することに成功し

表 8-11　フランス・ADP の基本データ

空　港	シャルル・ド・ゴール	オルリー	ル・ブルジェ
土地面積（ha）	3,257	1,540	553
滑走路	4	3	3
旅客ターミナルビル	9	2	ビジネスジェット専用
就航都市	313	154	—
発着回数	491,346	230,558	56,000
乗降客数（百万人）	61.6	27.2	—
貨物・郵便（トン）	2,200,000	106,000	—
公共駐車スペース	28,500	19,000	n.a.

（出所）　Aéroports de Paris [2013], *report on activities and sustainable growth 2012*.

表 8-12　ADP とスキポールグループの株式相互持ち合い

ADP	
株　主	所有比率（％）
フランス政府	54.50
法人投資家	23.60
スキポールグループ	8.00
個人株主	6.60
投資ファンド	5.60
従業員持ち株	1.70
合　計	100.00

スキポールグループ	
株　主	所有比率（％）
オランダ政府	69.77
アムステルダム市	20.03
ADP	8.00
ロッテルダム市	2.20
合　計	100.00

（出所）　〈http://www.aeroportsdeparis.fr/ADP/en-GB/Group/Finance/CoursDeBourse/Shareholders/?wysistatpr=ads_moteur-synomia_gb〉.
　　　　〈http://www.schiphol.nl/SchipholGroup/InvestorRelations/ShareholderInformation/SchipholGroupShareholders.htm〉.

ている。グローバルアライアンスのスカイチームは米国でもノースウェストとデルタの合併により，デトロイトとアトランタをデュアルハブとして活用している。

2008年に仏蘭両国の主要空港の運営会社であるADPとスキポールグループ（Schiphol Group）は，2020年までの12年間，相互に株式を8％ずつ保有する協定を結んだ。これは期間限定ではあるが，空港会社が国境を越えて協力関係を強化する点でグローバルアライアンスの空港版に相当する。株主構成は表8-12の通りであるが，両空港とも中央政府が筆頭株主となっている。

　英国では株式売却を通して，スペイン企業を中心として外国企業が関与しているので，空港会社についても，他国とのつながりが深まっている。それに対して，フランスとオランダでは大手キャリアの合併も影響を及ぼしたと考えられるが，実質的に国有企業である空港会社が，国境を越えて連携している実態がある。さらに，ADPは2012年にトルコのイスタンブール空港会社TAVの株式を38％取得する行動に出た。既に，フランス地方都市にもトルコ航空が路線を張っていることもあり，中東方面からの需要を確実にするための戦略が採用された。このように政府の傘下にある株式会社であっても，流動性を高めるためのグローバル化を展開することができる。

(2) スイス・バーゼル空港＝フランス・ミュールーズ空港

　複数国が協力して運営している特殊な事例として，スイス・バーゼル空港をあげることができる。医薬品メーカーの研究拠点バーゼルは，図8-3（次頁）のように三国の国境線に近い都市である。スイス北西部の玄関口でありながら，空港はフランスの国土に立地している。もともと地理的にスイス側のバーゼルとフランス側のミュールーズは経済的なつながりが深かったことから，1946年に空港が開設された。その後，49年に両国間で正式の協定が締結され，本格的な空港が運用されることになった。便宜上，ターミナルビルはスイス管轄とフランス管轄に二分されている。近接しているドイツについては，フライブルクが近いこともあり，実際の運営面で協力している。

　空港会社は株式会社ではなく，両国政府が合意で設立した「パブリック・エスタブリッシュメント」（Public Establishment）という形態をとっているが，従業員は公務員ではない。国内線はスイス・バーゼル空港とフランス・ミュー

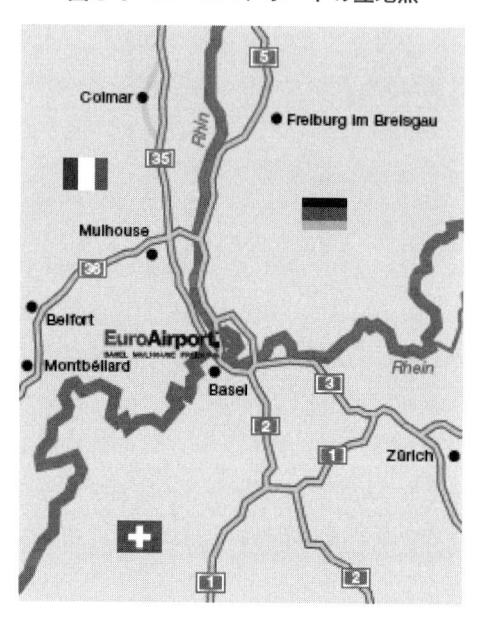

図8-3 ユーロエアポートの立地点

（出所） EuroAirport, *Timetable*, Summer 2013.

ルーズ空港であり，国際線はユーロエアポートの名称を使用している。ロゴには，さらに「バーゼル　ミュールーズ　フライブルク」という地名も追加されている。スイスの統計では，2012年の乗降客数は535万人で，チューリッヒ空港，ジュネーブ空港に次ぐ第3位となる。また，フランスの統計では，534万人で第7位にランキングされる。ユーロエアポートは民間企業ではないが，利用者数を着実に増加させてきただけではなく，長期にわたり健全経営を続けている。

就航都市は図8-4の通りであるが，2012年の利用者数をキャリアによって分類すると，LCC（イージージェット，ウィズ，エアアラビア，ジャーマンウィングス，ペガサス，ベルエア・ヨーロッパ）が55％を占め，スターアライアンス（BMI，オーストリア，スイス，トルコ，ルフトハンザ）15％，ワンワールド（BA，エアベルリン）9％，スカイチーム（エールフランス，KLM）8％，その他（9社）10％，チャーター便3％となる。3国のレガシーキャリア

図 8-4　ユーロエアポートの就航都市

（出所）　EuroAirport, *Timetable*, Summer 2013.

への優遇策や，LCC に対する特別措置は何もとられていない。すべてのキャリアに対してオープンに対応してきた結果として，1990 年代初頭の 200 万人から 2 倍以上に伸びたが，その背景には，利害関係にとらわれない堅実な営業活動と設備投資がある。

8.4　わが国へのインプリケーション

(1)　株式会社化の推進と需要創出

空港業務に PPP を適用する背景には，航空自由化の推進が影響している。

空港を使用するキャリアがナショナルフラッグであった時代には，空港運営主体と航空会社の関係は固定的であったが，航空自由化によって参入・退出と料金設定の両面で規制緩和が進んだために，空港は国際レベルで選ばれる存在となっている。航空会社と利用者にとって魅力のある空港経営を展開する上では，民間企業として柔軟な経営手法を導入することが不可欠である。過疎部に立地する空港については，民間企業への移行が困難と考えられがちであるが，株式会社化した上で政府や自治体が所有者となり，サービスを維持することも選択肢となる。北欧の空港運営主体は，基本的にこの形態をとっている。

さらに，米英両国をはじめ，ノルウェーとスウェーデンでも意識的に追求されてきた点であるが，軍用空港の開放や株式会社化を通して需要増大を図る動きもある。これは国防費用の削減という視点からも重視され，防衛関係省庁と交通関係省庁との協力によって推進できる。航空自由化で参入してくるLCCは，発着枠に余裕のあるセカンダリー空港を活用しようとすることが多い。したがって，軍用空港や共用空港の開放は，LCCへの機会提供と立地エリアの経済活性化の両面で意義がある。わが国でも，百里飛行場（茨城空港）や岩国飛行場（岩国錦帯橋空港）などで，国際線を含めて民間航空に開放する改革が実施された。北欧のように空港運営主体を株式会社化するまでには至っていないが，民生用比率の引き上げによって，新需要を創出できる可能性は大きい。

(2) 地域振興と社会貢献の役割

英国イングランド北部に拠点を置くピール社は，港湾・水運・空港という交通インフラに加え，大型ショッピングセンター・倉庫・不動産事業を融合化し，地域密着型経営を展開してきた。とりわけ，港湾・造船業の衰退や石炭産業の縮小などマイナス要因の多い地域において，軍用空港の有効活用に加え，産業クラスター構築や炭鉱閉山跡地における風力発電の普及などに力を注いできた点で，立地企業や地域住民からの理解も深まっている。親会社が不動産部門を持っているからこそ，そのような戦略が追求できるメリットもある。

フィンランドでは前述したように，すべての空港がFinaviaによって運営さ

れているが，ロヴァニエミを中心とする北部の6空港を「ラップランド・エアポーツ」として，ブランド化する戦略をとってきた。6空港によって航空会社や旅行者に特典が与えられているわけではないが，地元関係者とともにツーリズムを支援する態勢を強化している。ブランド化の主たる目的は，オーロラやサンタクロースを中心とした観光PRなど，エリア共通の情報提供である。解決すべき課題として，夏季のリゾート振興と国際旅客の増大があげられているが，旅行者増加を図るために，将来の目標値を設定して協力関係を深めてきた。

　スウェーデンで注目されるのは，ヨッテボリー・シティ空港のように自動車メーカーと地方自治体との共有によって，工場の立地するエリアの空港を支えている点である。Volvoが航空機エンジンも製造している点から，空港経営に関与するのは不思議ではない。しかし，同社は1990年代末に経営悪化のために，アメリカ企業や中国企業に買収された経緯がある。2012年まで筆頭株主はフランス企業のルノーであったが，空港の所有者として存続できたのは，地元自治体との緊密な関係があったからと考えられる。定期便以外に，チャーター便やビジネス・ジェットも就航しているが，エア・アンビュランス（救急ヘリコプター）とコーストガード・ポリス（沿岸警備隊）の拠点としても機能している点は，わが国の地方空港を活用する面で参考になる。

(3)　他国企業の関与による成長

　欧州では，ライアンエアーとイージージェットという大規模LCCがポイント・トゥ・ポイントで多くの国際線を就航させている。また，もともとリージョナル・エアラインであった航空会社も，低料金と多頻度運行によって利用者を獲得するなど，LCCモデルを踏襲する傾向にある。わが国でも，ピーチ・アビエーション，ジェットスター・ジャパン，エアアジア・ジャパンなど，格安航空会社が参入し，路線を増やしている。これらの新規に設立された航空会社の特徴は，既に第5章で指摘したように，わが国の大手航空会社と他国資本の共同出資形態で業務を開始した。路線設定を多様化し，利用者を惹きつけるためには，他国の航空会社や投資家との共同出資は意義があると思われる。今

後もこのような航空会社が増えてくると予想されるので，空港運営に関しても，国際線就航に柔軟に対応するために，近隣諸国を中心とする他国企業との協力も求められるであろう。

　ファンド企業は一般的に，資産運用に主眼を置くため，インフラの長期的な維持よりも金融取引での利益追求に偏向する場合が多い。したがって，空港運営を全面的にファンド企業に委ねることは，リスクがあると考えられる。しかし，デンマーク・コペンハーゲン空港のように政府との共有状態が採用されれば，自国の立場を損なうことはない。むしろ非航空収入の増大が期待できる場合には，ターミナルビル改装やアクセス道路建設などの更新投資が容易になる可能性もある。空港会社の株式を外国企業に売却できるケースは限られているが，実際に他国企業が関与しているスウェーデンのスカブスタ空港などで，大きなトラブルが生じているわけではない。重要なことは，政府が国際インフラビジネスとして空港経営にコミットし，長期的観点からサービス提供について一定の責任を果たすことである。

　わが国が島国である点から，ユーロエアポートのように国境線の近くで空港経営を行うことはあり得ないが，ADP・スキポールグループのような協調は今後，検討すべきであろう。特に，全面的な複数一括運営ではなくても，キャリアを誘致するための国際的な提携関係は利用者にとっても利便性が高まるので望ましい。ユーロエアポートの営業活動から参考にすべき点は，LCCへの特別措置がないにもかかわらず，6社も誘致できている点である。さらに，アライアンス3グループで9社，非加盟のキャリア9社と，500万人クラスで計24社ものキャリアを就航させている点である。わが国の地方空港はこれまで，特定の国内キャリアに依存する傾向が強かったが，それはリスクを高めることにしかならない。今後は，後背地に応じた需要を国際レベルで発掘する方向で，空港とキャリアが地元関係者と協議することが求められる。

第9章　求められる関西の空港改革

9.1　関空と伊丹の経営統合

　2011年に「関西国際空港及び大阪国際空港の一体的かつ効率的な設置及び管理に関する法律」に基づき，関西国際空港（関空）と大阪国際空港（伊丹）の経営統合が決まった。両空港は直線距離でわずか43kmであり，鉄道によるアクセスでも約60kmである。英国の複数一括運営と同様の形態が採用されることになったが，統合するに至った直接的な理由は関空の1兆3,000億円に及ぶ債務を軽減する点にあった。関空は世界的にも珍しい，大型の海上空港として建設されたために，多大なコストがかかり，毎年度200億円以上の利払いを要する状況にある。

　関空会社は民間企業として設立されたので，本来は自律的な経営を維持すべきであるが，結果的には経常収支のバランスをとるために，政府による補給金に頼らざるを得なくなった。そのような政府依存体質から脱却する方策が種々，考慮されたものの，具体的な解決策が打ち出されることはなかった。2010年10月に国土交通省から公表された『成長戦略』の中で，「関空のバランスシート改善」が以下のように決められた（下線は筆者加筆）。

　　「関空については，早期に政府補給金への依存体質から脱却し，1.3兆円を超える債務を返済することにより，健全なバランスシートを構築することを目標とし，これを通じて前向きな投資の実行，競争力・収益力の強化を行うべきであると考える。

　　バランスシート改善にあたっては，関空のキャッシュフローから生み出される事業価値のみならず，伊丹のキャッシュフローから生み出される事業価値や不動産価値も含めてフル活用することも検討する。

更に，伊丹については，空港として活用する場合は，その価値最大化の観点から，戦略3で触れた空港ビル事業や駐車場事業との上下一体化を目指して検討を行う。
　関空・伊丹の事業価値の最大化とキャッシュ化の手法としては，戦略3に基づき「民間の知恵と資金」を活用することが望ましく，<u>両空港の事業運営権を一体で民間にアウトソース（いわゆるコンセッション契約）する手法を基本に，その可能性を追求する。</u>
　ただし，コンセッション契約については，税制上の措置など一般的な PPP 制度の創設や，関空会社の株主や債権者を含め，幅広い関係者との調整が必要である等，不確定要素が残る案であるため，<u>実際のスキームとしては，例えば，持株会社の設立といった方式により，両空港の経営統合を先行させつつ，民間の提案を積極的に受け入れる中で，具体的方策を検討していくことが適当である。</u>」

　このように長期にわたる課題であった関空のバランスシート改善は，関空・伊丹の経営統合とコンセッション契約により解決策を探ることが決まった。実際には，伊丹が国管理で滑走路とターミナル部分が別組織で運営されてきたのに対して，関空は会社形態でそれらを一体化して運営してきた。運営主体が異なるばかりではなく，組織形態も違っていたので，現実の経営統合の作業は難航した。両空港の経営統合の変化を簡略化して示すと，図9-1のようになる。
　新関西国際空港株式会社は2012年4月1日に設立され，7月1日から業務が開始された。新会社は土地部分を管理する会社とは分離され，株式の100％を政府が保有する公的企業に移行した。「民間の知恵と資金」を活用する点を強調している成長戦略に基づき，新会社が公有化されることになった点は，整合性を欠いているように見える。しかし，コンセッションを推進する主体が公的企業であるべきという点からは，この措置は正当化される。別会社化された関西国際空港土地保有会社は，新会社の子会社として土地を貸し付ける立場にある。その株式は新会社と近隣自治体によって，それぞれ，67％，33％という比率で保持されている。

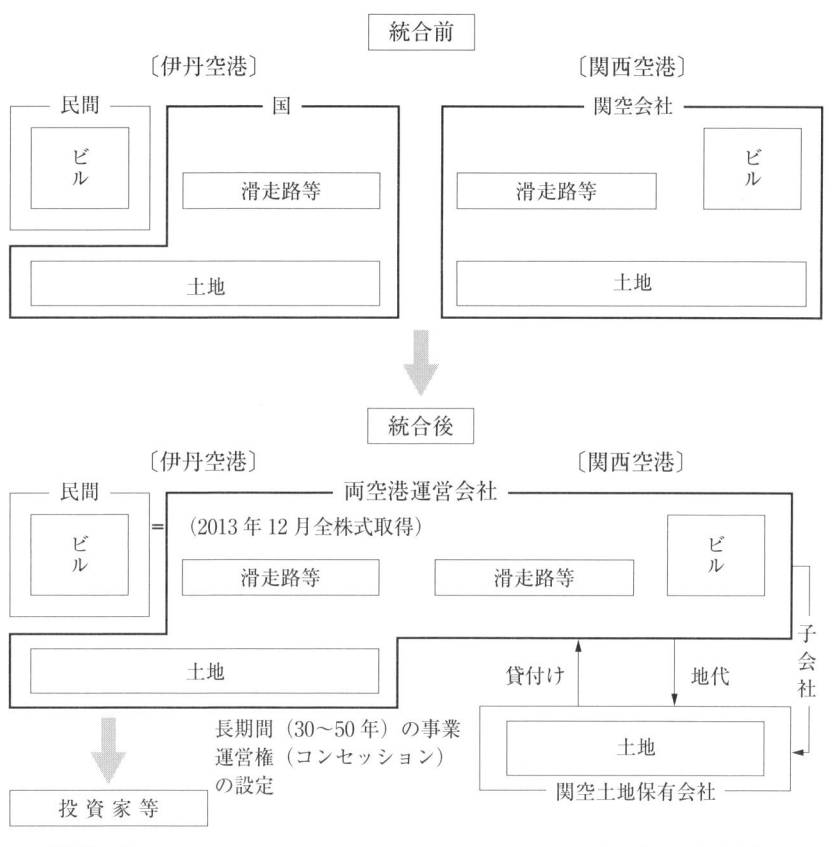

図 9-1 経営統合のイメージ図

【統合前】

〔伊丹空港〕
- 民間：ビル
- 国：滑走路等、土地

〔関西空港〕
- 関空会社：滑走路等、ビル、土地

↓

【統合後】

〔伊丹空港〕
- 民間：ビル
- 両空港運営会社（2013年12月全株式取得）：滑走路等、土地

〔関西空港〕
- 両空港運営会社：滑走路等、ビル
- 関空土地保有会社：土地（貸付け／地代）
- 子会社

長期間（30〜50年）の事業運営権（コンセッション）の設定 → 投資家等

（出所）〈http://www.nkiac.co.jp/company/ir/invest3/pdf/ir11.pdf〉に基づき筆者作成。

9.2　コンセッションの実現可能性

　関空と伊丹の経営統合後のコンセッションが円滑に実現するかどうかは，両空港のパフォーマンスが改善されているかどうかに依存している．この点に関しては，次頁の表 9-1，表 9-2 から明らかなように，いずれの指標で見ても関空，伊丹ともに概ね良好である．また，図 9-2（153 頁）から統合後の連結決算で利益を増加させ，有利子負債残高を徐々に減らしていることもわかる．しかし

表 9-1　関西国際空港の運営状況

関空		2011 年度	2012 年度	前年比（％）
航空機発着回数（万回）		10.8	12.9	119.4
乗入便数（便／日）		147.3	176.3	119.8
	国際線	104.5	116.0	111.0
	国内線	42.7	60.3	141.0
航空旅客数（万人）		1,386.3	1,679.9	121.2
	国際線	1,011.4	1,142.4	112.9
	国内線	347.9	537.5	143.4
貨物量（万トン）		71.2	68.7	96.5

（出所）　新関西国際空港株式会社『2013 年 3 月期　連結決算について』。

表 9-2　大阪国際空港の運営状況

伊丹	2011 年度	2012 年度	前年比（％）
航空機発着回数（万回）	12.3	12.8	103.8
乗入便数（便／日）	168.0	174.9	104.1
航空旅客数（万人）	1,291.0	1,314.7	101.8
貨物量（万トン）	11.3	12.0	105.7

（出所）　新関西国際空港株式会社『2013 年 3 月期　連結決算について』。

　注意しなければならないのは，この改善は短期的な結果であり，今後も継続できるかどうかについては，運営権を購入する側の判断に委ねられる。新会社と政府に求められているのは，将来の不確実性をいかに払拭し，経営の自由度をどこまで付与するかという点である。

　英国の複数一括運営では，グループ内の空港間をつなぐ路線は多くない。それぞれの空港は，国内外の主要都市やリゾート地と結んで，利用者数の増加を図っている。その背景には，欧州内で航空自由化が進展したことと，LCC のみならずリージョナル・エアラインも成長してきた事情がある。関空と伊丹の

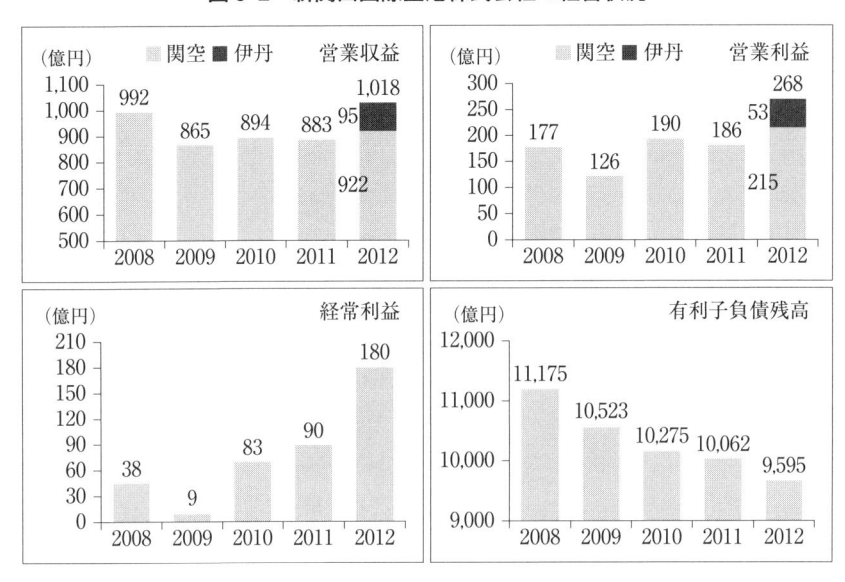

図 9-2　新関西国際空港株式会社の経営状況

＊2012年度は，旧関西国際空港（株）連結（4～6月）＋新関西国際空港（株）連結（4～3月）。
（出所）　新関西国際空港株式会社『2013年3月期　連結決算について』。

場合については，地理的に近接しすぎているので，両空港間を結ぶ路線が新設されるわけではない。欧州との比較では，アセアンなどの近隣諸国とつながる中短距離路線はまだ少ない。今後，それぞれの空港が持っている機能を十二分に発揮させる環境が整備されるかどうかが，コンセッションの実現可能性を左右する大きな要因となる。

　関空の国際線は便数，旅客数ともに，国内線の2倍である。方面別の便数内訳については，図9-3（次頁）のようにアジア方面が約77％を占めている。アジア・オセアニアの主要都市に向けて就航しているLCCは，表9-3（155頁）の通りである。キャリア数や便数は多いとは言えないが，関空ではLCC専用ターミナルビルを拡充しているので，今後の成長が期待されている。欧米就航都市は成田と比較すると，非常に少ない。欧州では，パリ，フランクフルト，アムステルダム，ローマ，ヘルシンキの5都市，米国では，サンフランシスコ，

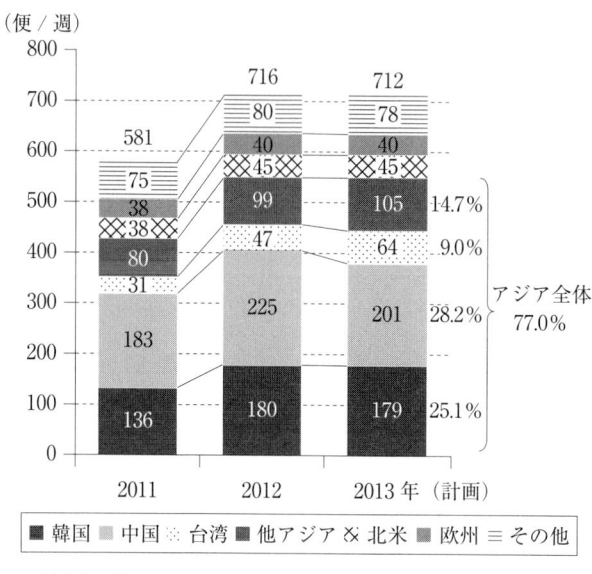

図9-3 関西国際空港の方面別旅客便数内訳（2011年夏〜13年夏）

（出所）新関西国際空港株式会社『関西国際空港の国際定期便運航計画について（2013年夏期スケジュール）』。

シアトル，ニューヨークの3都市だけである。英国ロンドン，米国ロサンゼルス，カナダ方面の直行便により，需要を開拓することが当面の課題として指摘できる。

　財務状況の悪化を補填する目的で支給されていた政府補給金は，2013年に69億円であったが，14年度には40億円にまで減額される計画である。新関空会社は企業価値を向上する狙いから，国内では仙台空港への参画を意図している。また，海外ではミャンマーのヤンゴン空港への入札も視野に入れていた。どの程度の出資を行い，どのような形態で運営にコミットするかで収支に及ぼす影響は変わってくるが，少なくともプラス効果を生み出さなければ，自らのコンセッションを阻害することになる。

　関空・伊丹と近接した空港として，関空の対岸に立地している神戸空港が存在する。2005年11月に，国土交通省航空局から「関西3空港の在り方について」

表 9-3　関西国際空港の LCC 就航状況（2013 年 8 月）

航空会社	路　　線	便数／週
ピーチ・アビエーション	ソウル（仁川）	21
	台北	14
	香港	7
	釜山	7
チェジュ航空	ソウル（仁川）	7
	ソウル（金浦）	7
エアプサン	釜山	14
イースター航空	ソウル（仁川）	11
セブ・パシフィック航空	マニラ	3
エアアジア X	クアラルンプール	4
ジェットスター・アジア航空	シンガポール（台北経由）	14
	シンガポール（マニラ経由）	4
ジェットスター航空	ケアンズ	7
	ダーウィン（シンガポール経由）	4
	ゴールドコースト	2.5
	シドニー（ゴールドコースト経由）	0.5
合　　計		127

（出所）　新関西国際空港株式会社『関西国際空港の国際定期便運航計画について（2013 年夏期スケジュール）』。

という文書が公表されている。その内容は以下の通りである（下線は筆者加筆）。

▶関西 3 空港については，関空二期 2007 年限定供用，大阪国際空港の運用見直し，神戸空港の開港を踏まえた上で，関空を核としつつ，伊丹，神戸を加えた 3 空港をトータルとして最適運用を図るという観点から，以下のように運営されていくことが適当と考えている。

▶関西国際空港は西日本を中心とする国際拠点空港であり，関西圏の国内線の基幹空港。国際線が就航する空港は，今後とも関空に限定することが適当。2007 年の 2 期限定供用に向けては，平成 16 年 12 月の大臣合意を踏まえ，2007 年 13 万回程度，2008 年 13.5 万回程度の発着回数を確保すべく，利用促進が大きな課題。現在，関西国際空港全体構想促進協議会による「関西国際空港集客・利用促進事業」や地元企業による「関空利用促進宣言」などの取

り組みがなされているところであるが，引き続き，地元経済界，自治体，関空会社が一体となって，関空の集客・利用促進を実施。
▶伊丹空港は国内線の基幹空港。環境と調和した都市型空港とするという観点から，平成16年に運用見直しの方針を決定した。これにより，発着回数は総枠370（うちジェット枠については200）を上限，運用時間は7時から21時までの14時間。また，空港整備法上の位置付けに関しては，空港整備法上の空港種別の在り方の見直しの必要性等の論点を踏まえ，第2種A空港への変更につき，次期社会資本整備重点計画の策定の中で，交通政策審議会航空分科会において検討を行う。
▶神戸空港は150万都市神戸及びその周辺の国内航空需要に対応する地方空港。運用時間は15時間。3空港間の役割分担を踏まえつつ，安全かつ円滑な航空機の運航の観点から，1日の発着回数は60回，年間の発着回数は2万回程度が上限となる。

このように関西主要3空港を「トータルとして最適運用を図る」ことが明記されているが，少なくとも経営統合は関空と伊丹の2空港で進められた事実がある。コンセッションとの関連性で，神戸空港の運営主体を同一企業として含めるべきであるという見解が出されることもある。しかし，2014年度にコンセッションを実行させるというスケジュールからは可能性は低いと見られている。他方で，神戸空港との関係については，コンセッションを受託した企業が独自に判断すべきであるという意見もある。

わが国では，複数一括運営の経験がないために，競争政策や経営合理化に関する経営統合の明確な基準がない中で，空港改革が進んでいる。成長戦略において，関空のバランスシート改善が打ち出されると同時に，「民間の知恵と資金」を活用する点も重視されているので，手続きとしてはコンセッションが実施された上で，受託企業が自らの収益向上につながるパートナー空港を見出すのが適当である。したがって，神戸のみならず仙台や他国の空港についても，現段階で決めるのではなく，受託企業と協議の上で交渉を進めることが望ましい。

国交省や地方自治体としては，関西圏の利用者が増えるようなパイ拡大策を支援すべきである。とりわけ，上記の伊丹に関する制約条件は，現況にそぐわない点があるので見直しが進められている。関空は24時間開港という点で優

位性を持つのに対して，伊丹は大阪市内に近い点で優位性を持つ．また，羽田空港との比較から，国際線の復活という可能性も皆無ではない．コンセッションの受託企業が中長期的視点から，収入増大の見通しを立てられるように，過去の規制や制約を再検証すべきであろう．

9.3　都市人口から見た空港規模

　関西には上記の関空，伊丹，神戸の3空港の他に，南紀白浜，但馬，八尾の3空港が存在する．但馬と八尾については小規模であるのでここでは割愛し，関空と伊丹，神戸と南紀白浜の年間旅客数と後背地人口について，英国の空港と比較してみる．表9-4（次頁）と表9-5（159頁）は，両国の地形や後背地特性について差異があることを前提にした上で，関西圏に立地している4空港の発展可能性を探っている．

　旅客数で関空と同規模なのは，スタンステッド空港である．関空が国際線を持つ点から，後背地を広く捉えると，6府県で約2,000万人となる．ロンドン全域の人口は約780万人であるが，ヒースロー空港だけで7,000万人，6空港合計では1億3,500万人の旅客数に達する．国内線専用の伊丹については，近隣6市の人口が約390万人であり，グレーター・マンチェスターの262万人よりも上回っている．しかし，マンチェスター空港は約2,000万人を扱う規模である．

　英国の大都市空港では多数のレガシーとLCCが就航しているので，欧州内路線や北大西洋路線などが充実している．後背地人口だけからアウトバウンドとインバウンドの需要について類推することは不適切であるが，日英比較で関空と伊丹の旅客数が少なすぎることがわかる．阪神間のビジネス顧客層と京都・奈良という観光需要を持っているものの，統合した新会社で合算しても，ようやく3,000万人に達するレベルである．これはロンドン6空港の1つガトウィック空港の3,400万人にも満たない．

　旅客数253万人の神戸空港に関しては，前述したように過去に多くの制約条

表9-4 関空・伊丹の発展可能性

空　港	旅客数（人）	人　口（人）		備　考（人）
関空	1,679万	大阪府 867万9千	奈良県 140万1千	左記6府県人口合計 2,060万9千
		兵庫県 557万2千	和歌山県 101万8千	
		京都府 254万2千	滋賀県 139万4千	
旅客数近似 空港比較	スタンステッド 1,746万	―		ロンドン全域 人口 782万
人口近似 都市比較	―	ロンドン全域 782万		ロンドン6空港 旅客数 1億3,491万
伊丹	1,314万	伊丹市 19万7千	尼崎市 45万7千	左記6市人口合計 392万1千
		豊中市 39万1千	大阪市 254万3千	
		池田市 10万1千	宝塚市 23万	
旅客数近似 空港比較	エディンバラ 919万	―		エディンバラ市 人口 48万
人口近似 都市比較	―	グレーター・マンチェスター 262万		マンチェスター空港 旅客数 1,965万

（出所）旅客数に関しては，新関空会社公表2012年データ，及びCAA公表2012年データ，人口に関しては，総務省『平成24年3月31日住民基本台帳人口・世帯数，平成23年度人口動態（市区町村別）』，及びOffice for National Statistics公表の資料に基づき筆者作成。

件を課されてきた。したがって，後背地人口に比して空港規模が小さくなっているのは当然の結果である。英国で同規模の224万人のベルファスト・シティ空港が立地する北アイルランドのベルファスト市は，人口わずか26万人の都市にすぎない。この人口でありながら，近接してベルファスト国際空港も存在し，その旅客数は430万人にも及んでいる。人口から判断すれば，神戸であってもバーミンガム空港のように3倍の約900万人は取り扱える潜在力を有していると推測できる。

第9章　求められる関西の空港改革　159

表9-5　神戸・南紀白浜の発展可能性

空　港	旅客数（人）	人　口（人）		備　考（人）
神戸	253万	神戸市 151万2千	姫路市 53万3千	左記6府県 人口 合計 317万5千
		明石市 29万3千	芦屋市 9万4千	
		加古川市 26万9千	西宮市 47万2千	
旅客数近似 空港比較	ベルファスト・シティ 224万	—		ベルファスト市 人口 26万
人口近似 都市比較	—	バーミンガム市 103万		バーミンガム 空港 旅客数 891万
南紀白浜	9万3千	西牟婁郡 4万3千	海南市 5万5千	左記6市郡 人口 合計 58万9千
		日高郡 5万6千	有田市 3万1千	
		御坊市 2万5千	和歌山市 37万8千	
旅客数近似 空港比較	シリー島 （セントメアリーズ） 9万7千	—		シリー島人口 2千
人口近似 都市比較	—	グラスゴー市 59万		グラスゴー空港 旅客数 715万

（出所）　旅客数に関しては，国交省公表2011年データ，及びCAA公表2012年データ，人口に関しては，総務省『平成24年3月31日住民基本台帳人口・世帯数，平成23年度人口動態（市区町村別）』，及びOffice for National Statistics公表の資料に基づき筆者作成。

　南紀白浜についても神戸と同様，過少な旅客数が明らかになる。英国で同規模の空港を持つシリー島の人口は，わずか2,000人である。リゾート地でヘリコプター輸送を中心とする空港であるが，9万人を輸送している。南紀白浜近隣の6市郡と同じ人口のグラスゴー市に立地するグラスゴー空港の旅客数は，715万人に達する。さらに，近接しているプレストウィック空港の旅客数は，

100万人である。白浜温泉や周辺の行楽施設を含め，知名度の高いリゾート地を持ちながら，関係者の有機的な連携が欠けているために，航空需要の発掘ができていない。特定キャリア1社に依存した1路線しかないので，旅客数が頭打ちになっているのが現状である。

9.4 関西6空港の具体的活用方法

　前述した国土交通省航空局から公表された「関西3空港の在り方について」で示された伊丹と神戸の2空港に対する制約は，コンセッションの実現を考慮して緩和することが望まれる。関西における航空需要を増大させるためには，両空港の国際線について視野に入れるべきである。とりわけ，大阪国際医療ツーリズムや神戸国際経済拠点地区など，行政が推進している国際プロジェクトも多い。また，京阪神間に大学などの教育機関と国際的な研究組織が集中している現状から，インバウンドとアウトバウンドの両方で留学生のみならず研究者も多数，移動している。

　国際会議開催に関するデータは，表9-6と表9-7（162頁）の通りである。これまでの開催実績から，伊丹と神戸に国際線があれば利用者の利便性は高まることが容易に判断できる。そればかりか，会議数と集客数がこれまで以上に増加することが予想できる。もちろん，国際線就航に伴い，CIQなどの空港施設の拡充が必要になるが，その経費を上回る経済効果がもたらされる点を評価すべきであろう。世界的に著名なスーパーコンピュータ「京」や「スプリングエイト」のみならず，ノーベル賞受賞者の研究機関も関西圏に立地していることを勘案すれば，伊丹と神戸の国際線対応は必須と言える。さらに，京都と奈良の観光都市へのアクセスを多様化する点からも，プラス効果は大きい。

　南紀白浜，但馬，八尾の概要については，表9-8（162頁）のように示される。南紀白浜と但馬に関しては，温泉リゾート地へのアクセス拠点として活用できる。しかし，現実には前者は羽田，後者は伊丹というように，それぞれ1路線しか存在しない。白浜温泉や城崎温泉へのインバウンド需要の発掘を怠り，鉄

表 9-6　国内都市別「中・大型」国際会議の開催件数

都市名	2001	2002	2003	2004	2005	2006	2007	2008	2009	2010
京都府	21	35	18	32	29	38	39	30	34	33
京都市	21	34	18	32	27	38	39	29	34	33
舞鶴市	0	0	0	0	1	0	0	0	0	0
精華町	0	1	0	0	1	0	0	1	0	0
奈良県	5	3	7	5	1	3	7	3	1	4
奈良市	5	3	7	5	1	3	6	3	1	4
生駒市	0	0	0	0	0	0	1	0	0	0
和歌山県	0	0	0	0	0	0	0	1	0	1
田辺市	0	0	0	0	0	0	0	1	0	0
和歌山市	0	0	0	0	0	0	0	0	0	1
大阪府	30	38	35	29	21	28	22	23	25	14
大阪市	28	32	29	23	17	20	17	20	21	8
千里地区	2	3	5	5	2	7	4	0	3	3
堺市	0	2	1	0	1	0	0	1	1	2
泉佐野市	0	0	0	0	0	1	0	0	0	0
東大阪市	0	1	0	1	1	0	0	1	0	1
岸和田市	0	0	0	0	0	0	0	1	0	0
大東市	0	0	0	0	0	0	1	0	0	0
兵庫県	16	17	18	15	20	16	23	22	20	24
神戸市	15	15	17	14	17	15	21	19	20	23
淡路市	1	2	1	1	3	1	2	2	0	1
姫路市	0	0	0	0	0	0	0	1	0	0

（出所）　日本政府観光局公表資料
　　　　〈http://mice.jnto.go.jp/data/stats/pdf/cv_tokei_2010_shiryohen2.pdf〉に基づき筆者作成。

表 9-7　会場別国際会議の開催件数・参加者数（2010 年）

会　場　名	開催件数	外国人参加者数	国内参加者数	参加者総数
京都大学	42	2,262	3,735	5,997
神戸国際会議場	31	4,533	51,934	56,467
神戸ポートピアホテル	31	7,724	54,566	62,290
大阪大学	29	811	8,889	9,700
淡路夢舞台国際会議場	26	923	3,160	4,083
大阪国際会議場	23	4,860	45,156	50,016
奈良県新公会堂	19	1,362	2,886	4,598
関西大学	18	251	3,409	3,660
神戸大学	14	241	1,810	2,051
神戸国際展示場	14	6,129	47,223	53,352
千里ライフサイエンスセンター	11	410	2,963	3,373
京都テルサ	10	429	1,995	2,424

（出所）　日本政府観光局公表資料
〈http://mice.jnto.go.jp/data/stats/pdf/cv_tokei_2010_1shou.pdf〉に基づき筆者作成。

表 9-8　有効活用できる 3 空港の概要（2011 年）

空　港	設置管理者	滑走路（m）	利用時間	乗降客数
南紀白浜	和歌山県	2,000 × 45	8：30～20：00	152,164
但　馬	兵庫県	1,200 × 30	8：30～18：30	27,501
八　尾	国土交通大臣	(A) 1,490 × 45 (B) 1,200 × 30	8：00～19：30	0

（出所）　国土交通省航空局監修［2011］『数字でみる航空』国交省公表データに基づき筆者作成。

道とマイカーに依存した観光政策を行っている地方自治体や観光協会の姿勢に疑問を感じざるを得ない。例えば，2010 年の兵庫県豊岡市外国人観光客 PR「城崎温泉 1 泊 2 日ツアー」では以下のように表記されている（下線は筆者加筆）。

「京都に訪れる外国人観光客に利用いただける「城崎温泉1泊2日ツアー」が登場しました。当ツアーは，兵庫県パリ事務所のご協力で実施したフランスの旅行会社の招聘事業（本年4月14日〜15日実施）の結果，完成したものです。

〜（中略）〜

　サンライズツアー「京都・奈良」版（京都や奈良などを基点にした旅行を紹介）のパンフレットに掲載されています。ツアーの出発日は，3月7日〜11月11日の月水金（4月29日〜5月8日，8月10日〜16日を除く）。京都駅からJRを使って城崎温泉にお越しいただき，城崎温泉で1泊します。ツアー料金は，大人1人が31,800円，小人（6〜11歳）が25,800円となっています。

　サンライズツアーは，欧米豪を中心に世界中の旅行会社で販売され，同ツアー「京都・奈良」版のパンフレットは，年間約20万部が印刷される予定です。多くの方が「Kinosaki Onsen」の名前を見ることになります。このツアーで，世界中から多くの方が豊岡に訪れることを期待しています。」

（出所）〈http://www.city.toyooka.lg.jp/www/contents/1286937823411/index.html〉.

　関西広域経済連合が形成され，広域観光ルートを設定することによって，外国人観光客を関西圏に呼び込むことが目標とされている。「各府県・政令市の戦略的な取組みにより，エリア全体の魅力の向上を図ることが不可欠であるため，関西を1つのマーケットとして，成長著しい東アジアや関西の伝統文化に関心の強い欧米をメインターゲットに，関西の魅力ある観光資源を有機的につなぐ観光ルートを設定し，関係団体とも連携して情報発信を行い，誘客を図ります」と明言されているにもかかわらず，現実には整合性を欠いた政策が展開されている。このような矛盾を起こさないようにするためには，観光政策と空港政策，広くは交通インフラ整備と経済活性化策についての知識を深める人材育成が不可欠である。

　八尾空港に関しては，これまでのところ定期便が設定されていないが，ビジネス・ジェット専用空港やセカンダリー空港としての開放など，アイデアは存在する。国内では同じ滑走路長の丘珠空港が年間約11万人を扱っているが，セカンダリーとして「札幌シティ空港」という名称も使用する案がある。2013年7月にはフジドリームエアラインズ社がエンブラエル170の試験飛行を成功させ，近い将来に就航させる計画もある。これは年間300万人以上を扱うロン

ドン・シティ空港をモデルにした新たな動きとして注目を集めている。八尾では近隣に住宅が密集しているために，定期便就航が難しいと言われているが，丘珠のケースを参考にしながら，将来性を模索する必要がある。

第 10 章　観光先進国への道

10.1　観光と交通インフラ

　海外から日本を訪れるインバウンド観光客数が，2013 年に 1,036 万人となり，史上初めて 1,000 万人を突破した。2003 年に小泉首相（当時）は，インバウンド観光を「国策」として「ビジット・ジャパン・キャンペーン（VJC）」を開始し，「訪日外国客数」524 万人（当時）を 2010 年までに倍増させて，1,000 万人を達成する目標を設定した。以来国際観光振興機構（JNTO）の改組設置，観光立国推進基本法施行ならびに第 1 次観光立国推進基本計画の閣議決定（07 年），国土交通省の外局としての観光庁の設置（08 年）などの施策が実施されてきたが，金融危機，新型インフルエンザ，東日本大震災などの影響もあり，当初目標から 3 年遅れて 10 年来の悲願が達成されたことになる。2013 年は VJC 開始から 10 年目，観光庁設置から 5 年という節目の年であったが，9 月には 2020 年のオリンピックの東京開催が決定し，インバウンド観光への国民的な関心が大いに高まることとなった。一方，インバウンド観光客数は 1,000 万人を越えたものの，国際ランキングは世界 30 位（2012 年），アジア域内では 5 位（2012 年）と決して未だ上位ではない。国際旅行収入ベースでも 17 位，アジアでのランキングは 9 位と，付加価値の低さも課題とされ，日本の観光は漸く「観光新興国」としてのスタート地点に立ったばかりである。

　本書は交通インフラを主要トピックとしているが，本章では「観光立国」を実現し，観光先進国の高みを目指すための課題を整理する。人的交流を伴う「観光」は「移動サービス」である「交通インフラ」によって提供され，将来の日本のインフラのあり方を考えるにあたって「観光」は重要な要素である。「イ

図10-1 英国インバウンド観光の動向（1980〜2012年）

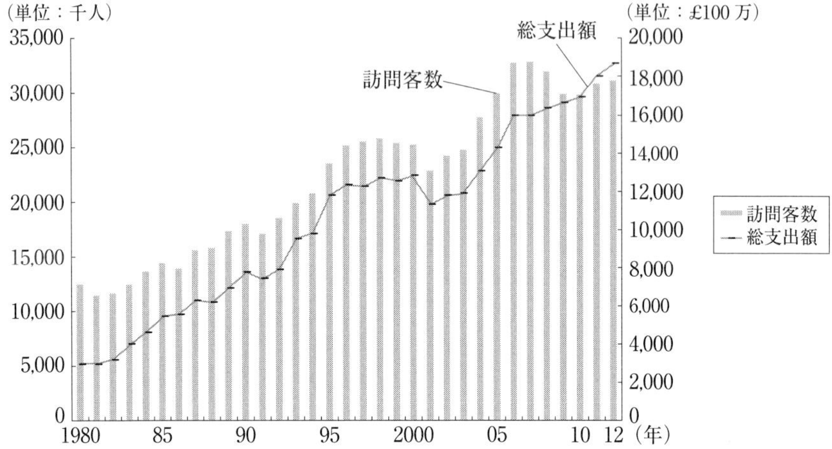

（出所） Visit Britain の資料に基づき筆者作成。

ンバウンド観光」は，観光のみならず商用や VFR を含む「国際人的交流」としてとらえることができるが，欧州では過去 25 年間に「国際人的交流」が大きく増加した（図10-1）。

欧州の「国際人的交流」は 1980 年代後半から徐々に進み，2000 年代になって爆発的な増加を示したが，背景には時を同じくして進んだ①航空自由化，②人とモノの移動の自由化，③ LCC の活発化等が存在する。1993 年のマーストリヒト条約（EU 連合条約）発効により，スペイン等の南欧諸国も含む 12 カ国，3.7 億人の統合 EU 市場が登場し，さらには 2004 年の「EU 東方拡大」により旧東欧・ソ連諸国を中心とする 10 カ国を加え，27 カ国，5 億人の巨大市場が出現した。さらには「シェンゲン協定」，「新欧州連合条約（アムステルダム条約）」の適用により域内の「人とモノの移動の自由化」が急速に進展した。EU 域内国は工業化も進み所得水準も比較的高い国が多く，「人とモノの移動の自由化」と「LCC の活発化」に伴い「国際人的交流」も急速に進んだが（表10-1），近年アジアと日本の関係においても当時の欧州と類似の条件が整いつつある。2015 年設立を目指す ASEAN 経済共同体の経済統合を中心に，周辺諸国の日本，中国，韓国，インドなども含めて ASEAN + 1，EPA によるアジア

表 10-1　英国と EU（南東欧）諸国間の旅客推移

(旅客数単位：千人)

	EU加盟(年)	人口(百万人)	1人当たりGDP	2000(年)	2002(年)	2004(年)	2006(年)	2008(年)	2010(年)
ポーランド	2004	38.2	13,469	498	467	998	3,330	5,024	4,226
チェコ	2004	10.5	20,436	654	916	2,069	2,159	1,817	1,276
ハンガリー	2004	10.0	14,050	403	360	701	1,013	1,096	955
スロバキア	2004	5.5	17,644	0.1	2.2	127	470	716	505
スロベニア	2004	2.0	24,900	69	48	116	183	168	127
ラトビア	2004	2.1	13,618	51	58	126	461	464	550
リトアニア	2004	3.2	13,262	51	48	95	319	359	473
エストニア	2004	1.3	16,568	28	38	83	178	157	104
イタリア	1967	60.6	36,267	7,033	7,655	9,678	10,574	10,740	9,621
スペイン	1986	46.1	32,077	25,925	28,953	33,478	34,896	34,559	28,713
ポルトガル	1986	10.6	22,359	3,608	3,967	4,256	4,744	5,448	4,897

（出所）　CAA UK Airport Annual Statistics 2010.

全体の経済一体化の努力が進められている。日本を含めアジアでも LCC は本格的に普及が進んだ。

　アジアの新興国では過去 15 年間，持続的に 1 人当たり GDP が成長し，富裕層，中間層の数も大きく成長した。エアバス社は毎年，経済成長に伴う 1 人当たり所得の伸びが，当該地域の旅行回数を増加させるという市場予測・分析を行い（次頁の図 10-2），2012 年時点で 1 人当たり GDP が 6,000 ドルの中国の 0.26 回の平均旅行回数は，今後の経済成長に伴い 2032 年には現在の 4 倍の 0.95 回，同様にインドでは 0.05 回から 0.25 回へと 5 倍の伸びが予想され，2032 年には世界全体の新興国人口の 2/3 が年平均 1 回の旅行を行うと予想されている。

　今後，国内人口が減少する日本は，近隣であるアジア諸国の「旅行性向」の高まりを「国際人的交流」のための起爆剤として使わない手はない。日本国内での観光立国への取組みは緒に就いたばかりである一方，16 年後の 2030 年までに 3,000 万人の高みを目指すための中間目標として 2020 年の東京オリンピ

図 10-2　1 人当たり所得と旅行回数の関係（2012 年）

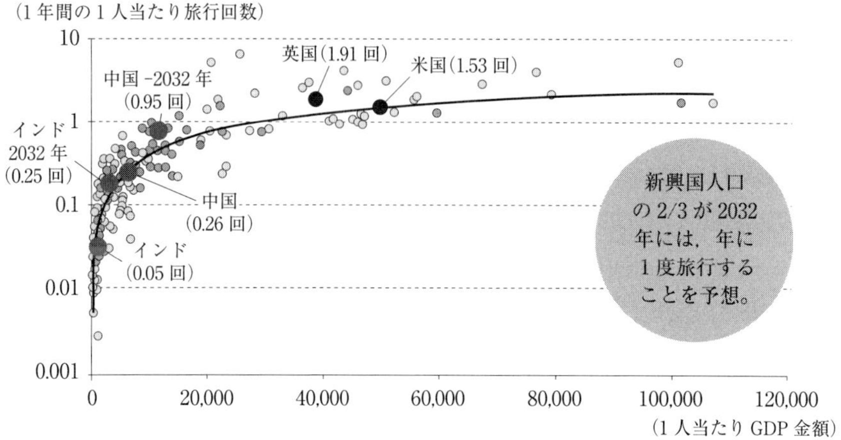
（1 年間の 1 人当たり旅行回数）
10
1
0.1
0.01
0.001
0
20,000
40,000
60,000
80,000
100,000
120,000
（1 人当たり GDP 金額）
英国（1.91 回）
米国（1.53 回）
中国 -2032 年
（0.95 回）
インド
2032 年
（0.25 回）
中国
（0.26 回）
インド
（0.05 回）
新興国人口の 2/3 が 2032 年には，年に 1 度旅行することを予想。

（出所）Global Market Forecast 2013-2032, Airbus から筆者邦訳。

ック開催の決定は天佑であるが，それだけに頼ることなく日本の観光のあり方，そして国の総合的な成長戦略のあり方についての抜本的な考え方の転換が必要である。「国際人的交流」が増えることは，日本経済全体の活性化につながるというメリットがあるが，それは真の経済，社会のグローバル化によって初めて実現可能であり，それに伴う負の側面への対応を行うとともに，国内的には痛みを伴う改革も進めて行かねばならないだろう。次節以降では，観光の構造改革へ向けた官と地域のあり方について，それぞれ整理を行うこととしたい。

10.2　官民挙げた「OMOTENASHI」で魅せたい日本の観光

本節では，インバウンド観光を発展させるために官が行うサービスを如何に改善していくかについて検討する。ビザ発給手続きを含む出入国管理は，防犯，防疫，経済保護を目的として行われ，主に 3 つの政府部門である CIQ（税関，入国管理，検疫）が水際での審査手続を行っている。

家電や自動車，そしてロボットに代表される高性能の工業製品を生み出す日

本，四季折々の表情を見せる美しい自然，和食は 2013 年 12 月無形世界遺産に登録され，刺身やラーメンは世界各地でも大人気を博している。AKB や MANGA，初音ミクは政治的に難しい関係を抱える隣国の若者からも高い支持を集めている。一方，欧州や米州は距離的に遠く，距離の近いアジアにはまだまだビザが必要な国も多く，日本は依然世界から「遠い国」である。

　欧州では地域統合とともに「人とモノの移動の自由化」の努力が続けられ，現在では一部の例外を除いて EU 域内の通行が自由となり，結果として，域内の「国際人的交流」が急速な拡大を見たことについて前節で説明した。日本においても「訪日意欲の促進」のために，近年以下のような「査証要件の緩和」が行われている。

① 66 の国・地域の国籍者については，短期滞在（観光，商用，知人・親族訪問等の滞在で報酬を得る活動をしない場合）に限り査証免除措置。ただし，国により査証免除滞在期間は異なる。

② EU 加盟国，OECD 加盟国等ある程度社会経済レベルの高い国・地域を中心に査証免除。

③ 日本への観光客増が期待されるアジアについては 8 つの国・地域のみ査証免除が実施され，タイとマレーシアについては 2013 年 7 月に査証免除が行われた。

UNWTO は 2012 年 5 月のメリダ宣言において「ビザ発給円滑化が G20 諸国への国際観光客を 1.1 億人創出する」と述べ，「国際人的交流推進」のためのビザ発給要件改善を推奨している。観光立国を進め 150 カ国に対してビザ免除を行う香港は，2,380 万人と人口比 3 倍強のインバウンド観光客を集め，ビザ緩和政策のプラスの効果が見て取れる。一方で，無原則な緩和には不法滞在や犯罪増加による治安悪化の可能性もある。日本は，今後，訪日外国人 3,000 万人を目指すなか不法就労や治安悪化などの副作用への反動から観光立国政策にブレーキがかかることは避けたいことであり，中長期的な制度の安定的運用の観点から「査証要件緩和」についても工夫が必要となる。

　現在，日本の「観光立国政策」では，インバウンド観光客数増という定量的な目標に重きが置かれているが，「旅客あたりの国際観光収入」や「宿泊日数」

などのより定性的な議論はあまり重視されていない。観光を日本再興のための新たな産業の柱として，GDP 増加を目指すのであれば，保有するパスポートという形式だけでビザの要否を判断する「前近代的」な入国管理制度から脱して，より個々のインバウンド観光客の中身を審査する制度への転換が望ましい。世界は「フラット化（トマス・フリードマン）」により，従来のように先進国，新興国という二元論でその旅行者の信用度を判断することは難しくなっている。観光を通じた日本経済への貢献という観点から見た場合に，欧米の先進国からの訪問客にも不法就労・治安・風紀問題，観光消費への貢献などの観点から見て有難くない者が含まれる可能性がある一方，新興国からの富裕な観光客が逆に日本の観光収入にも大きく貢献し，さほど不法就労・風紀等の問題を生じないという，今までの「常識」では測れない状況も生じるようになっている。

　残念ながら現状日本の在外公館のビザ申請窓口や国際空港等の入国管理は，この世界的な変化に十分に対応できていない。国際的に立派に活躍しているような人も，パスポートが新興国であるだけの理由で，日本訪問に際し，ビザ申請のために煩雑な手続きを要求されたり，入国審査でひどい言葉を係員から投げつけられたりという話も聞こえてくる。一昔前まで国際空港の「外国人」の入国管理ブースには Alien（「異邦人」，よそ者）という表示があり，さすがに現在ではこのようなこともなくなったが，未だに昔の考え方を引きずるような「嫌なら，別に日本へ来なくても良い」という対応では，折角の『憧れの日本』のブランドが台無しである。日本にとって「好ましくない」入国者を水際で防ぐのが入国管理の役割であるが，「大使館領事部」，「入国管理官」は，同時に「観光立国」を掲げる日本入国の玄関であることも十分に認識する必要がある。大昔の「オイコラ」式の前近代的な対応で効果が出るわけもなく，時代に見合ったより科学的かつ人間的なアプローチが求められる。

　観光先進国である英国の事例を見てみよう。英国は「シェンゲン協定」に限定適用で加盟しており，シェンゲン域内国籍者の入国が全てフリーパスとなるわけではない。空港などでの入国審査の際には，協定参加国間で共有されているデータベース（「シェンゲン情報システム」）を活用して「要注意人物」の管理が行われ，不法滞在，治安悪化などを防ぐ仕組みが導入されている。ビザ緩

和は必ずしも「国籍」のような一律な方法で行うのではなく，ビザ非免除国パスポート保有者でも，商用や VFR のように頻繁に訪問する者については，過去の法令順守状況等を含む信頼情報の蓄積と分析が可能である．日本でも今後ビザ緩和が検討される東南アジア諸国やインド，中国などについては，今までのように「国籍要件」による一律の免除／非免除対応ではなく，同じパスポートでもメリハリをつけた入国管理制度への進化ができないだろうか．

例えば，より信頼度の高い旅行者（短期観光・商用等）については，前述の入国管理データベースと（豪州の）ETAS（ELECTRIC TRAVEL AUTHORITY SYSTEM）のような事前登録電子許可システムと併用することで，より精度の高い水際審査が可能になる．両者を併用するなどにより部分的緩和を行うという方法も一案であろう．3,000 万人を目指すためにはリピーターを増やすことが必要であるが，前回以前の訪問時の「法令順守」によりビザ申請のハードルが下がることが観光客にとって日本訪問へのインセンティブになる一方，不法滞在や治安悪化防止も実現できる．

全てではないとしても時折聞こえてくる入国窓口の「顧客志向でない」という評判を払拭し，上述のようにより科学的な対応により官のサービスの改善が進めば，日本へのインバウンド観光の入り口におけるボトルネックが解消され，インバウンド観光客増加の後押しになる．観光は今後の成長産業であり，観光庁，地域，民間という観光のメインプレイヤーの努力が必要なことは言うまでも無いが，個別の省毎の事情ではなく，国全体のより高い視点を持ってそれぞれの行政の現場も努力を進めて行くべきである．

10.3 日本ブランド・プロモーション

世界で日本独自のコンテンツ・文化への認知が高まると同時に，発信力を高めるプロモーション方法への関心も高まっている．日本食，カワイイ，漫画など国際的に広がりをもつサブカルチャーは急速に世界での注目を集めてきた．戦後，工業製品の優秀さで世界を魅了してきた日本であるが，日本の文化が世

界中へそれも特に若年層を中心に広がりつつあることは，日本経済そして日本の観光にとっても大きなチャンスである。政治的に難しい関係にある中国などにおいても AKB などのアイドル，ドラえもんなどのアニメや和食，ハイテク家電は別物として支持する若年層が多く存在することは，今後「国際人的交流」拡大のための切り札として大きな期待がかかる。しかし，サブカルチャーを通じて日本への関心を持つ人口が増えただけでは持続性はない。望まれるのは，それらの層に対してさらに日本を深く理解させ，日本への継続的な関心と支持を高めるための施策である。

　今までの日本のサブカルチャーの世界的な広まりは，グローバリゼーション，インターネットの普及などによる自然発生的なものであり，どちらかといえば場当たり的，偶発的なアプローチであったが，今後も日本が継続的にこの分野の強みを維持していくためには，より戦略的なアプローチを取ることが望まれる。既に JNTO の世界中の拠点を通じて現場レベルでのインバウンド観光のプロモーションの努力はある程度行われているが，国の中長期の成長戦略として「インバウンド観光」を位置づけるのであれば，世界に対してより深いレベルでの日本理解を目指し，日本のファンを増やすことが重要である。従来，日本は「文化を世界に広げる」努力をあまり積極的に行ってこなかったが，「文化交流」を促進する先進事例としては，英国のブリティッシュ・カウンシルなどの取組みが挙げられる。ブリティッシュ・カウンシルは 100 カ国に「160 のオフィス，6,000 名の職員」を展開しており，ドイツのゲーテ・インスティチュートも類似の目的で活動している（表 10-2）。

　日本のコンテンツを推進するために大切なことは，「日本語・日本文化の啓蒙」などの中長期的な戦略を通じて，「日本文化への関心・愛着を高めること」である。現在世界には日本語の学習者が 400 万人存在する。中国，インドネシア，韓国，豪州，台湾，米国など日本との関係が深いといわれる国での増加率も高いといわれる。英語学習人口の 10 億人，中国語の 3,000 万人と比べれば，小さな数字ではあるが，日本語を理解し，日本文化に関心を持つ人を世界で増やすことで，文化のみならず，経済活性化，外交・政治面での日本への支持を増やすための戦略的ツールとなる。日本のファンが増え，日本語や日本文化を学

表 10-2　国際文化交流機関の例

国	機関	設立	目的	体制
英国	ブリティッシュ・カウンシル	1934 年	各国における英語の普及やイギリスと諸外国の間の教育・文化交流	100 カ国で「160 のオフィス,6,000 名の職員」
ドイツ	ゲーテ・インスティチュート	1951 年	国際文化交流機関として外国人にドイツ語教育の推進。国際的な文化交流・文化協力	92 カ国・158 カ所
中国	孔子学院	2004 年	中国語や中国文化の教育及び宣伝,中国との友好関係醸成を目的に設立	96 カ国と地域に 332 校

（出所）　各種報道・資料から筆者作成。

ぶことで日本への訪問や留学も増える。日本を理解する人口が増えることで海外へ進出した現地の日本企業で働く優秀な人材も確保できる。一方，日本を訪問して新幹線や上下水道などの日本の優秀なインフラを実体験することで，日本政府が現在進めようとしているインフラなどのハード輸出を受け入れのための土壌もできることとなる。

　日本ブランド・プロモーションの取組みとして，2013 年 11 月にクールジャパン推進機構（海外需要開拓支援機構）が設立され，日本ブランドの海外での浸透力を上げるべく官民共同での取組みを目指すことになった。機構の事業には日本のブランドを並べるための「場」としてショッピングモール（箱モノ）のようなものを海外に作ることも含まれているようだが，箱モノを作ったとしてそれを埋めるに足るコンテンツを誰にどのように遡及していくのであろうか。

　ブランド・プロモーションのために重要なのは，ブランドの「消費者」を刺激することである。日本ブランドの供給者のための「場」を提供して推進するという理屈は分かるものの，この建物が現地の消費者にとって「浮いた」存在となり，現地への「日本文化の理解推進」といったソフト面での機能と強みを

欠くとすれば，地方のかつての「三セク・ショッピングビル」とさほど変わらない結果に終わることは避けられないだろう．求められるものは，日本と現地の双方の文化を深く理解する人材育成やそのような人材による日本ブランドのマーケティングであり，それは「ハコ」を作ることではなく，人材を活かし育てる努力である．

　昨今，製造業出身の日本のシニア人材が，海外メーカーにヘッドハンティングされる事例が話題となっているが，日本ブランド・プロモーションのために国際ビジネス経験のあるシニア人材等を活用したソフト戦略を展開するのは如何であろうか．日本の組織による閉じた「ハコ」を現地に作るのではなく，既に存在する JNTO や JETRO，国際交流基金が一体となって連携しながら，むしろ現地の日本関連商品販売窓口（日本企業によるものに限らず，むしろ現地人による日本食レストランや日本商品販売店など），教育機関，マスコミなどを「場」として活用して，日本文化やコンテンツの現地での浸透，ブランド力を高めることで，より直接的に「消費者」に訴求することが可能となるだろう．見た目は豪華だが日本を感じさせない「ハコモノ」を作る前に，生身の人間によるコミュニケーションのための場を提供して，日本への関心と愛着を高めることが中長期のインバウンド観光の数量両面での充実と日本コンテンツの展開を通じた成長戦略を下支えすることにつながることとなろう．

10.4　持続的な観光戦略実施体制

　ビザ緩和を中心としたプロモーションは，インバウンド観光客増に一定の効果はある．しかし制度を緩和することは必要条件であったとしても十分要件ではない．日本の観光業界は 2030 年に 3,000 万人という目標を目指しているが，日本観光の魅力を高め，中長期にわたる持続的な成長が求められる．前節まで述べてきたような政府によるインバウンドプロモーションのみならず，各地域においても観光の現場を強くしてそれぞれの地域ブランドの価値向上を行い，インバウンド観光客を地域へ魅きつけることが大切である．

現在，日本の地域の観光施策を担う主体としては自治体の観光担当部局，商工会議所などがあるが，これらの組織は観光地のパンフレットを作るなどの情報発信・提供といった消極的な役割に止まっている。しかも，寄り合い所帯で地域の供給側の平等を建前とする組織であるため，利用者（旅客）側の視点に欠け，旅行者が本当に欲しい情報の発信ができていない。グローバル市場を相手として多様な価値観に対応するインバウンド観光では，従来とは異なり地域の持ち味を生かして，中長期的に顧客を挽きつけ，リピーターとなってもらう魅力を持たなければ生き残ることは難しい。地域主体の着地型の旅行市場を育て，only one（≠ No.1）の価値を顧客に提供するためにはどうしたらよいであろうか。

　観光先進国であるスイスや香港などには「地域の観光戦略組織」としてDMO（Destination Marketing（もしくは Management）Organizations）が存在し，単なる観光情報提供に止まらず，地域観光の現場力を高める機能を担っている（次頁の図10-3）。地域観光商品に関する中長期の観光戦略策定，観光地マーケティングとターゲットブランディング，観光事業計画・開発，地域の関係者間の利害調整等幅広い役割を果たしている。日本ではJRなどの交通事業者と自治体や観光協会などの連携によるデスティネーション・キャンペーンや旅行会社による特定地域のプロモーションが行われることもあるが，それらはあくまでも各々の企業の事情によるアドホックな取組みであることが多く，継続的かつ戦略的に地域の現場力を高める動きにはなっていない。

　DMOには地域の利害関係者の調整など公的な性格が求められる一方，高度人材の雇用や大々的なマーケティング活動を行うなど市場的な役割も必要なためPPP的な組織形態を持ちつつも，自立した財政基盤を持つことが必要である。自治体や商工会の観光推進組織などには，企画・マーケティング人材が存在するケースは少ないが，DMOでは専門人材が中長期的な視野で戦略策定，マーケティングなどの実務に取り組むことが不可欠である。海外のターゲット市場の分析，マーケティングとともに，地域の観光産業や利害関係者との調整能力，リーダーシップ能力も欠かせない。

　観光先進国のDMOは主体的に地域への国際交流を促進し，障害があれば積

図 10-3　DMO の役割

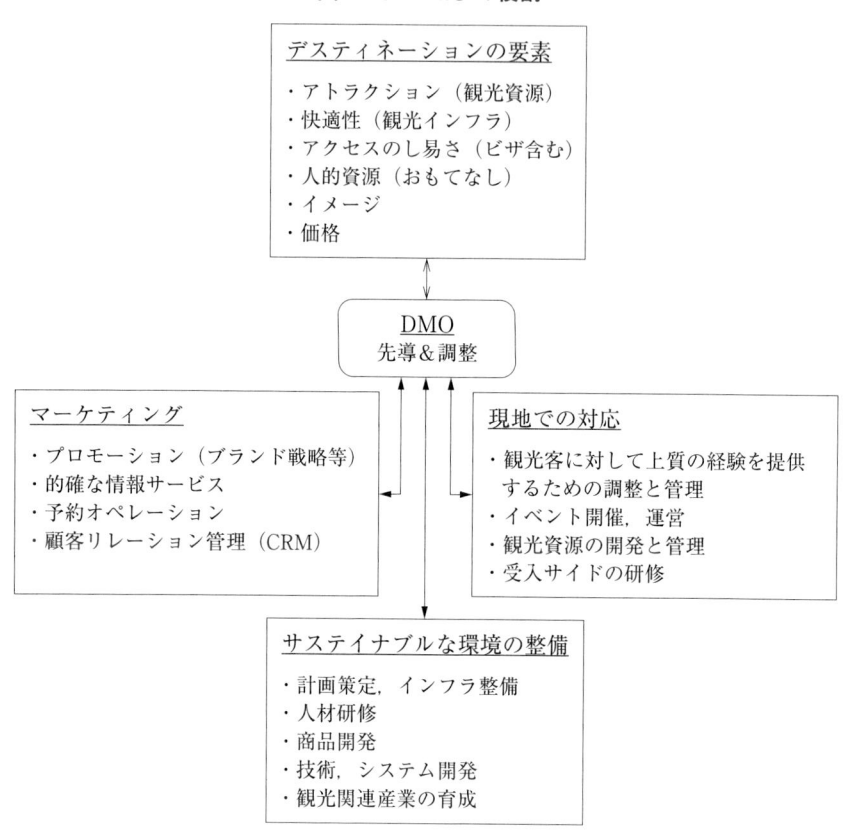

```
                  ┌──────────────────────────┐
                  │ デスティネーションの要素      │
                  │ ・アトラクション（観光資源）  │
                  │ ・快適性（観光インフラ）      │
                  │ ・アクセスのし易さ（ビザ含む）│
                  │ ・人的資源（おもてなし）      │
                  │ ・イメージ                  │
                  │ ・価格                      │
                  └──────────────────────────┘
                              ↕
                      ┌──────────────┐
                      │    DMO       │
                      │  先導＆調整   │
                      └──────────────┘
┌──────────────────────┐   ↕    ↕   ┌──────────────────────────┐
│  マーケティング        │           │  現地での対応             │
│ ・プロモーション       │           │ ・観光客に対して上質の経験を提供│
│  （ブランド戦略等）    │           │   するための調整と管理     │
│ ・的確な情報サービス   │           │ ・イベント開催、運営       │
│ ・予約オペレーション   │           │ ・観光資源の開発と管理     │
│ ・顧客リレーション管理 │           │ ・受入サイドの研修         │
│  （CRM）              │           │                          │
└──────────────────────┘           └──────────────────────────┘
                     ┌──────────────────────┐
                     │ サステイナブルな環境の整備│
                     │ ・計画策定，インフラ整備  │
                     │ ・人材研修              │
                     │ ・商品開発              │
                     │ ・技術，システム開発     │
                     │ ・観光関連産業の育成     │
                     └──────────────────────┘
```

（出所）　UNWTO "A Practical Guide to Tourism Destination Management" から日本政策投資銀行作成「日本型 DMO の形成による観光地域づくりに向けて」。

極的に解決し，強みをさらに伸ばし，積極的な地域の観光政策の実現を担うといったオーガナイザー機能を発揮している。地域観光においては，一度だけ来てもらえばよいわけではなく，何度もリピーターとして訪れ，地域で宿泊なども含め滞在して観光消費を行ってもらうことが大切である。中長期的に継続して成長性のある取組みが求められるが，地域の観光分野のステークホルダーが，単に集まって DMO を作るのではなく，地域の実力や課題を SWOT 分析などで把握したうえで，地域の個性を発見して向かうべき方向性を共有することが

大切である．さらには，地域観光マスタープラン作りに際し，地域以外の目を入れる工夫も重要である．より客観的で付加価値の高いプラニングには「よそもの」，「ばかもの」が必要．外の血（智）を入れることで，地域の弱みは強みになるだろう．

　DMOは地域を取り巻く環境変化に応じて柔軟に戦略を策定し，1つひとつ実行しながら前進することが期待されている．単に地域の情報提供に止まらず，戦略，行動計画を策定し，推進・実施する「シンク＆ドゥー・タンク」として行動することが必要である．寄り合い所帯に見られる役割分担・適材適所の欠如を避けるために，人材もなるべく関係団体からの出向者ではなく，プロパーの専門職員に経営責任も含めて任せる体制が取られることが望まれる．

　DMOの役割として第2に大切なことは，地域の観光商品のクオリティコントロールである．地域の観光が持続的に競争力を確保し，顧客のリピーター化を図るためには，顧客から見た商品品質の「見える化」が重要である．商品の品質を確保するために，世界的に行われている方法として「認証制度」がある．欧州をはじめ世界各地では，認証制度が導入され，普及による品質への意識の向上と質の改善を図る動きが取り込まれてきたが，海外90カ国を超える国で主に地域の宿泊施設の設備やサービスの品質評価のため，認証機関による客観的な審査の結果が施設概要や宿泊料金などとともに利用者に公表されて品質向上の役に立っている．日本でも新潟・群馬・長野の三県にまたがる広域観光圏の「雪国観光圏」では2008年から「SAKURA QUALITY」として，地域の宿泊施設の「観光品質認証」を導入してきたが，これは中部圏社会経済研究所がニュージーランドの観光品質認証の仕組み「Qualmark（クォールマーク）」を参考に，策定した評価認証マークで，日本旅館を対象とした観光品質評価基準として「格付」による情報提供が行われる．顧客にとっては，旅行商品の選択肢が増えることを通じて高付加価値化につながる．DMOなどの評価を決める主体がその透明性を確保し，ユーザーからのフィードバックも入れながら，現場の改善につながる仕組みが求められる．観光サービスは，工業製品とは異なり個別性が高いので，1つひとつの良い経験の積み重ねで地域観光商品のブランド力を高めていかねばならない．情報開示は顧客に選択肢を与えることを

178　第Ⅲ部　グローカル・マインドの実践へ

図10-4　福岡地域戦略推進協議会

将来イメージ

福岡都市圏は国際競争力を備えたアジアで最も持続可能な地域を目指す

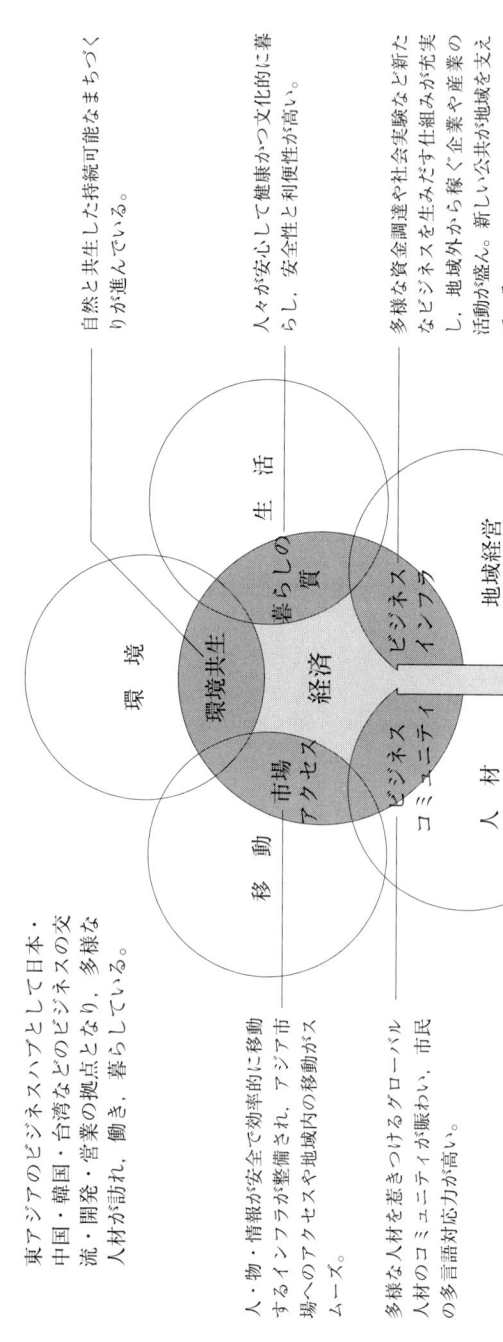

東アジアのビジネスハブとして日本・中国・韓国・台湾などのビジネスの交流・開発・営業の拠点となり、多様な人材が訪れ、働き、暮らしている。

人・物・情報が安全で効率的に移動するインフラが整備され、アジア市場へのアクセスや地域内の移動がスムーズ。

多様な人材を惹きつけるグローバル人材のコミュニティが賑わい、市民の多言語対応力が高い。

自然と共生した持続可能なまちづくりが進んでいる。

人々が安心して健康かつ文化的に暮らし、安全性と利便性が高い。

多様な資金調達や社会実験など新たなビジネスを生みだす仕組みが充実し、地域外から稼ぐ企業や産業の活動が盛ん。新しい公共が地域を支えている。

福岡は少子高齢社会における先駆的な地域成長モデルの確立。

（図中ラベル：環境／生活／地域経営／移動／人材／市場アクセス／暮らしの質／ビジネスインフラ／ビジネスコミュニティ／環境共生／経済）

第 10 章　観光先進国への道　179

戦略

「交流の活性化により、質を重視した成長をはかる」成長の源泉の再構築

1　域外に向けて挑戦する環境をつくる
2　人材の多様性を強化する
3　革新的・創造的な交流の場をつくる

　福岡都市圏は、九州域外から稼ぐ産業（移出産業）人口増加、支店経済という 3 つの源泉によって成長を実現してきたが、今後の 10 年で減衰していくと予想されている。積極的に手を打たなければ、人口増加と支店経済は、アジアへの近接性といった強みを活かしきれていない。また、移出産業にはまだ成長の余地があり、して移出企業を増やすという視点から「域外に向けて挑戦する環境をつくる」、人口の流入・定着を増やすという視点から「人材の多様性を強化する」、ビジネスの中枢機能を強化する視点から「革新的・創造的な交流の場をつくる」ことで、これら 3 つの源泉を再構築する。

取り組む重点分野を選定し、資源を集中的に投入

◎移出産業として重点的に振興
1　コンテンツ　5　集客・交流
2　ファッション　6　食
3　高等教育　　7　生活関連サービス（環境、福祉など）
4　通信販売　　8　グローバル研究開発

◎経済基盤
1　中小企業振興
2　資産調達
3　人材開発
4　社会実験

◎街づくり
1　都心
2　ウォーターフロント
3　交通ネットワーク
4　住環境

（出所）福岡地域戦略推進協議会ホームページ。

通じて価値を生むが，地域の供給側にとっては，「認証」，「格付」は変革へのチャンスとなる。インセンティブを取り入れた制度設計をすることで，地域全体の品質向上とクオリティコントロールが可能となる。

　日本における本格的な DMO 設立の動きはまだあまり見られないが，福岡市では，「福岡地域戦略推進協議会（Fukuoka D. C.）」が2012年に発表した DMP（Destination Marketing/Management Platform）構想を受け，2014年4月に日本初の本格的な MICE ビューローである「Meeting Place Fukuoka」を立ち上げた。今後は，MICE を強みとした，インバウンドへのワンストップサービスを行う予定である（前頁の図10-4）。

　Fukuoka D. C. は，アジアと日本を結ぶ玄関口に位置する地域の特殊性（1,000km 圏内の6つの1,000万人規模大都市）に着目したうえで，福岡都市圏が「アジアで最も持続可能な地域」を目指すために必要な「国際競争力を備えた戦略の策定から実施までを一貫して行う産学官民が一体となったシンク＆ドゥー・タンク」としてのプラットフォームを活かし，Meeting Place Fukuoka と連携した取組みを行っていくこととなっており，リーディングケースとして今後の活動が注目される。

第 11 章　成長戦略の鍵＝三位一体

11.1　コンセッションと三位一体

　2011 年の PFI 法改正[1]により，日本でも，官民連携の代表的な手法であるコンセッション方式が，導入されることとなった。2013 年 6 月 6 日には，「PPP/PFI の抜本改革に向けたアクションプラン（以下，「アクションプラン」）」が発表され，民間主導のインフラ投資・運営を導入することで，国と地方の財政負担を軽くし，財政再建と成長戦略との両立を目指すことが確認された。

　コンセッションとは，政府が提供してきたインフラ・ビジネスや公的サービスの物理的な設備の所有権と，その設備を利用してサービスを提供する運営権を区別して，運営権を民間企業に売却する手法である。そして，インフラ・ビジネスや公的サービスを効率的に運営し，運営権を獲得した主体が滞りなく更新投資を行い，30 年を超える事業期間にわたり優良な公的サービスを民間事業者の力（知恵と資金）を活用して提供していくことを目的としている。

　新たな法的枠組みが用意されたことや，アクションプランにおいて今後 10 年間（平成 25 年〜 34 年）に過去の PFI 実績の 4.7 兆円の倍以上の 12 兆円の PPP/PFI を実施して経済成長を実現するという目的が立てられたことは，大きな一歩である。しかしながら日本では，現在までにコンセッションの前例がなく，この仕組みをうまく機能させられるかどうかについては未知数である。今まで公的セクターが全て提供してきたインフラサービスをいかに効果的にアンバンドリングして，適切な役割分担を行わせるかを考えなければならない。

　コンセッション導入によりインフラの現場の仕事は民間事業者が担うことになるが，コンセッション等の民間活用の本質は「官と民の役割の見直しを通じ

たインフラサービスの高付加価値化」であり，しばしば誤解されるように民間活用とともに官の役割が全くなくなるということではない。むしろ官には，従来以上に「高付加価値の政府部門サービス」を提供することが求められることとなる。「コンセッション」は，導入されれば自動的に価値が生まれるものでもない。民営化やコンセッション成功のカギは，コンセッションの発注者の立場である政府が，民間事業者の創意工夫を引き出すような制度設計を行い，民間事業者が国・地域とも協働しながら事業価値を創造する戦略的互恵関係を構築できるか否かにある。

　コンセッションにおいて，国・地域がどのような役割を担うべきかについての「定石」はない。コンセッション契約は単なる「（紙の上に書かれた決まりきった）約定」ではなく，お互いの中長期の信頼関係を基礎とし，協働で作り上げていくものである。インフラ事業の特性，事業を取り巻く環境，業務範囲や契約年数，過去の投資実績と将来の必要投資，サービス品質のレベル，料金設定の自由度等は案件毎に千差万別であり，それらは事業の移管のプロセスを経て，コンセッション契約上に関係当事者間の責任分担として明確に記述されて落とし込まれていくことになる。中長期の信頼関係を通じて，事業価値を最大化させるためには，「三位一体」のフレームワークを意識したい（図11-1）。

　コンセッションでは，官（中央政府），地域（自治体・地方経済団体等），民間（ビジネスモデル等の創意工夫・資金調達機能を担当）の三者がそれぞれの役割分担につき十分に認識し，応分の責任を負うことで事業価値向上と結果としての中長期の安定経営が確保できる。「コンセッションに出してしまえばもう発注側に責任はない，リスクも全て民に押し付けてしまえ」ということでは，30年を超える長期のコンセッションがうまくいくはずがない。民間が頑張ってオペレーションを改善するのであれば，地域は地域の魅力を発揮するような工夫をしてインフラ事業に協力する。国は民間事業者の中長期的な経営安定性を支えるような規制の見直し（≠規制緩和）や情報整備・情報提供を行い，事業者はそのような情報を最大限活用して戦略を実行し，結果として事業価値が上がっていくという好循環が実現することが望ましい。

　ここまでは，民間事業者がどのような役割を果たすかを中心に整理検討を行

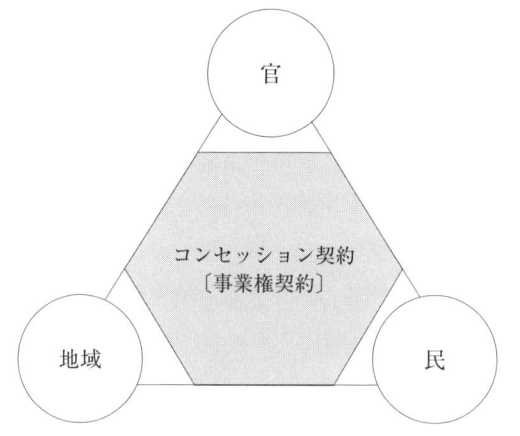

図 11-1　コンセッションと三位一体

```
          ┌──────┐
          │  官   │
          └──────┘
         ╱        ╲
        ╱ コンセッション契約 ╲
       ╱  〔事業権契約〕    ╲
  ┌──────┐            ┌──────┐
  │ 地域 │            │  民  │
  └──────┘            └──────┘
```

＊事業価値を上げるためには，民間にとって魅力のある事業権を設定し，3者間の創意工夫と協働が鍵になる。

（出所）　筆者作成。

ってきたが，本章では，三位一体の観点から政府，地域がどのような役割を果たすかについて具体的に整理を行うこととしたい。

　第1には，コンセッションを推進するための意思決定を行うのは，民間事業者ではなく国や自治体であることから，いかに公的主体が今まで行っていた事業を民間に任せる動きを作り出すかが大切である。PFI法改正やアクションプランで10年間で12兆円のPPP/PFIという目標を立てても，市場に民間を活用する案件が出て来なければ，民間事業者・投資家としても取り組みようがない。さらには，案件が出てきたとしても市場にとって受け入れられる条件とかけ離れていれば実現は難しい。次節では，このような案件形成のための課題について整理を行い，市場の求める「明確性（不確実性の可能な限りの排除）」条件を満たすために政府が為さねばならないことについて整理する。

　第2に，通常のM&A案件でも同様であるが主体間で事業が引き継がれるにあたっては，十分な情報の共有とコミュニケーションが事業の円滑な継承の鍵となる。とりわけ，従来のオペレーションを改善したうえで，さらに公的サ

ービスを安定的に提供させることが，コンセッションの趣旨であるならば，「資産や事業に関する情報共有」が重要な課題となってくる。民間同士の事業承継以上に事業の継続性が求められるのが，インフラ事業の承継であり，情報の共有やコミュニケーションの方法について，本章11.3において整理を行う。

第3に，コンセッションでは，民間事業者による新たなビジネスモデルの導入により事業の収益性が改善し事業価値は高まることが期待されるが，インフラ事業に関わるいくつかの要素には，民間事業者自身がコントロールすることが困難なものも存在する。例えば，中央政府や自治体・地域社会の地域政策は事業性に影響を与え（「政治・制度リスク」），地域の経済動向や人口動向は需要の変動を通じて事業性に影響を与える（「需要リスク」）。さらに，洪水・地震・津波等の天災等の影響（自然災害リスク）は日本では無視することができない。インフラの事業性に大きな影響力を持つこれらのリスクをいかにコントロールし，排除する制度設計ができるかが，「民間の知恵と資金」を活用するためのポイントとなる。

リスクの種類によっては民間事業者が自ら負担しきれないものや，リスクを消化するために十分な市場が存在しない場合もある。すなわち政府がリスクを負担することが，プロジェクト全体の効率を高める場合も存在する。コンセッション方式で政府が分担すべきリスクについては，本章11.4において整理を行うこととする。

11.2　市場創造を促すための政府の役割の高度化

コンセッションの原動力は，「民間の知恵と資金」である。言うまでもないことだが，民間にとって「知恵と資金」は大切なものである。民間に大切な知恵と資金を期待するのであれば，国や地方も同様に本気で知恵を出し汗をかかなければ，民間事業者・投資家は進んで自らの大切な資源である知恵と資金を出すことはなく，いつまでもコンセッション案件として結実することはないだろう。

前節ではそのための相互の信頼と「三位一体」による協働関係が重要であることについて述べてきたが、お互いの信頼を生み出すための第一歩は、政府が次のような「PPP/PFI 制度活用へのコミットメント」を示すことである。
① 財政再建プログラムとして、PPP/PFI を予算化し、国としての目標とすること。
② インフラ事業に関しては、一般会計からの資金ではなく PPP/PFI を検討・実施することが、発注側の国や地方政府も得となるようなインセンティブを制度に入れ込むこと。
③ PPP/PFI 制度改善のために調査研究を継続的に行い、また市場との対話を通じて、現行の制度において PPP/PFI の推進を阻害している制度の不備の改善を適時に行うための体制を整えること。

PPP/PFI 先進国の英国、豪州、韓国などにおいては、多かれ少なかれ政府による PPP/PFI へのコミットメントが制度として埋め込まれており、PPP/PFI 市場創造のために政府のリーダーシップが機能している。以下、具体的に整理することとしたい。

(1) 自治体の案件開発のためのインセンティブを高める仕組み

現在の日本のインフラ整備の制度では、個別の予算制度と PPP/PFI が全く連動して機能していない。本来 PPP/PFI 導入の目的には、個々のインフラプロジェクトに民間の知恵と資金を入れることで、個別のインフラプロジェクトのサービス向上を実現するとともに、国家や自治体の借金を減らすこともあるはずである。

個々のインフラプロジェクトにコンセッションの制度を使って民間の知恵と資金を入れるという点に関しては、今までにコンセッションの事例がない日本においては、それぞれの自治体においてはハードルが高いが、将来的に先進的な自治体がコンセッションの成功事例を実現すれば、この問題は早晩解消することとなろう。

一方，借金を減らすという点については如何であろうか。海外では，州政府や市政府が自ら保有しているインフラ事業を売却して，自治体の借金の返済財源としたり，新規のインフラ事業の建設資金や福祉などの財源とする事例も存在する。例えば，シカゴ市によるシカゴ・スカイウェイの売却案件では，99年の有料道路のコンセッションをマッコーリーのコンソーシアムが18.3億ドル（約2,000億円）で取得している。また，2013年4月に行われたオーストラリア，ニューサウス・ウェールズ（NSW）州の港湾民営化案件では，51億豪

Column 1　オーストラリアNSW州のボタニー港・ケンブラ港民営化案件

　2013年4月，オーストラリアの32の年金基金の連合体であるインフラファンド運用会社のIFM（Industry Fund Management）とAustralian Super等から成るコンソーシアムは，NSW州の主要輸出入港湾であるボタニー港とケンブラ港の99年の事業権契約を51億豪ドルで取得した。
　本民営化の実現により，NSW州は51億豪ドルの追加財政収入を得ることができ，将来新しい病院，道路などの社会資本建設の資金として活用することが期待されている。一方，コンソーシアムの資金分担の8割が豪州の年金基金であることから，500万人のオーストラリア人の年金の運用先として優良インフラ資産が確保されたと見ることができることから「偉大な社会民営化モデル」との高い評価を受けている。

ドルの売却収入が得られ，同州の病院や道路等の社会資本整備のための財源として活用されることが期待されている。

　いずれの事例においても，インフラ事業のコンセッションによって得られた資金が財政状況改善（借金の削減もしくはインフラ資産売却による財源を借金する代わりに活用）のために使われている。本来であれば，日本でも同様な事例が出てきてもおかしくないはずであるが，現在までにそのような事例は出てきていない。

　日本とこれらの国の大きな違いは，財政制度とPPP/PFIとの関係である。これらの国ではインフラ整備等の資金調達は基本的に自治体自らが行い，税収で足りない分は地方債の発行によって行われるが，自治体の財政状況が直接発行条件に反映される仕組みになっている。2013年7月に米国デトロイト市が財政破綻したことは記憶に新しいが，人口減や市税収入の減少にも関わらず借金を重ね，インフラ維持費用，退職公務員への年金支払がかさみ，財政難に陥ったことが原因とされる。一方，日本の自治体は財源不足が生じても地方交付税・臨時財政対策債により，財源の確保が行われる仕組みとなっている。さらには「地方債に対する暗黙の政府保証」により，財政状況により資金調達条件が大きく悪化しないため，民間事業者によるPPP/PFIやプロジェクトファイナンスによる資金調達条件と比べ，自ら借金を行ったほうが有利である状況が続いている。結果として，自治体にPFI/PPPを活用しようというインセンティブが働かないこととなる。

　PPP/PFIを導入しても，①コンセッションの前例もなく，成功するかどうかわからない，②資金調達コストもPPP/PFIのほうが高くつく，③自治体職員にはPPP/PFIのノウハウもなく，事務処理が増える分大変だ，などといったところだろうか。政府がアクションプラン等によりPPP/PFI推進の方向性を出したとしても，これらがボトルネックになっているのでは前には進めない。

　PPP/PFIは，国にとっても地方にとっても進めていくべき重要な施策である。国にとっても自治体がPPP/PFIに取り組むことが，国全体の財政状況改善ということでメリットがあるのであれば，自治体に対して財政上のインセンティブとなるような制度を導入すべきである。一例として，実施されたPPP/

PFI案件のフォローアップ（案件評価）とも組み合わせ，その実績（案件の収益性，サービス向上，中長期安定性，財政再建への効果等）評価に応じ，優れた実績を上げた発注者（事業官庁，自治体）に対しては，その評価に応じて一括交付金を一定額増額する（PPP/PFIによる一般会計支出節約分から捻出した額の一部を報奨金として与える等），もしくは今後のPPP/PFI事業に対する補助金の優先配分のような仕組みが考えられる。公平性の観点から見ても，汗をかいて実績を上げ，日本全体の成長に寄与した自治体がその分報われることについては，十分に納得感が得られるのではないだろうか。

(2) 案件推進のための技術支援組織

PPP/PFIを推進するために大切なのは，自治体における案件開発のためのインセンティブの仕組みであるが，同時に大切なのは案件形成のための実務能力を如何に高めるかである。コンセッションは，国にとっても地域にとっても新たな試みであり，従前とは異なる能力，幅広く高度な能力が継続的に求められることとなる。民間の知恵と資金の活用をするにしても，自治体や事業官庁側に運営委託自体の経験が殆どなく，案件形成のための実務，すなわち，運営委託案件に関してのフィージビリティ・スタディ検討，資産評価，VfM等の検討，RFP等入札関連書類作成，コンセッション契約等の検討並びに交渉，関係当事者等との争議解決・調整，関連制度の不備改善・研究，関係統計情報等の整備，必要情報の開示などについて，前例もなくまた自らのノウハウも限られており，案件形成を行うインセンティブが存在しない。

さらには，国や地域（自治体）の組織では一般に2年程度の短い期間で人事異動が行われるため，このような能力やノウハウを安定的に維持し高めていくことは困難である。PPP/PFI先進国の英国，韓国等にはPPP支援組織が存在し，民間企業等出身の（出向のような一時的在籍ではない）パーマネントの専門家が，自治体や事業省庁に対し案件開発・推進などのための「技術支援」を行う機能を有している。

ここで，PPP支援組織の例として，韓国のPIMAC（公共投資管理センター：

Public and Private Infrastructure Investment Management Center) についての概要を説明する。韓国ではアジア金融危機の発生後，1999 年に PPI (Private Participation in Infrastructure) 法を改正し，有料道路，鉄道，港湾等のインフラ整備にインフラファンド等の民間資金を活用するための大幅な制度改正を行ったが，同時に推進機関として PICKO (韓国民間インフラ投資センター，PIMAC の前身) を位置づけ，政府の PPI 推進機関として様々な役割を担わせることとした。

　PIMAC は，PPI プログラムの技術支援を行うことを任務とする政府機関として大きく 2 つの役割を担っている。すなわち，①事業官庁・自治体への技術支援としての事業 F/S 等の財務面での案件検討，コンセッション契約交渉支援，争議解決などを行うこと，② PPI プログラムに係る研究，政策アドバイス機能として，PPI スキームの研究，啓蒙活動，市場との対話を通じた制度へのフィードバック，市場調査を通じた関係規定等の改正等を行う PPI における PDCA サイクルのための任務を負っている。

　PPP/PFI 推進のためには，自治体等に適切な技術支援を行うことで民間活用のためのハードルを下げて案件開発を推進する一方，民間事業者を活用し，インフラ事業のサービスレベルを高めてインフラ事業の価値を上げることが大切である。特に，独立採算型のコンセッション案件においては，制度の不備があれば，適時に見直さなければ市場環境の変化により，最適な PPP/PFI の条件の提示が不可能になるという考え方に基づいている。

　日本では現状，コンセッション案件の前例もなく，自治体側には PPP/PFI のノウハウが限られている。優先すべきは，前述の財政面での自治体のインセンティブ付けに加えて PPP/PFI の技術支援である。日本では昨年 6 月の PFI 法改正により，PIMAC や英国の IUK に倣って PFI 推進機構が設立されたが，残念ながら本来市場が求める案件開発や発注者の技術支援のための機能・役割については，まだ本格的な議論が行われていない。

　PPP 支援組織の支援により適切な案件開発が行われ，世界水準の優良なインフラ投資案件が存在すればマーケットが自ら投資を行うのは，PPP/PFI 先進国における経験から明らかである。現在，PFI 推進機構の役割としては，官

民連携インフラファンドを通じた「資金供給」が中心に置かれているが，今後さらに上述のような「技術支援」を通じた案件形成能力の拡充が望まれる．

11.3 民間の知恵と資金を引き出す政府による環境整備

　国や自治体の努力により案件が出てきた場合に，スムーズに案件を民間に移譲させるために重要な課題は，①情報の適切な開示と，②市場や民間事業者との対話である．

　コンセッション導入の段階で民間事業者は，現在インフラ事業を進めている政府から提供された情報を基に事業の評価（入札価格を決める）を行い，コンセッション実施後のビジネスプランを作る．そして，実際にコンセッションが導入されれば，それまでに提供された情報を基に，インフラサービスを提供し，ステークホルダーへの説明を行って具体的に事業を進めていくことになる．

　一方，政府側の事情としてPFI/PPPの対象となる事業は，過去に多大な債務を抱えてしまった公営企業や，将来性の期待できない公的企業の株式売却が難しいためにPFI/PPPが利用されている面もあるとすれば，民営化（コンセッション）を実施した後に，公的サービスが長期的に安定供給できるかという点が問題となるし，政府は永続的なサービス供給に貢献できるように条件を設定し，部分的に民間事業者が負担不能なリスクを分担する必要がある．譲渡プロセスの中で政府に求められているのは，対象インフラ事業の，資産の状況（劣化・リスク・現在までの事業運営状況，将来の予想）などについて出来る限り数量化して提示することである．

　当然のことながらインフラ事業の譲渡は，「蚤の市」で売り出される掘り出し物とは異なる．売り手側の政府にとっても今後も発注者として関与し続ける大切な事業であり，公共として当該民間事業者によって良好な公的サービスが提供され，運営権を獲得した主体が滞りなく更新投資を行うようにしなければならない．事業の継続性を重視するのであれば，先ず現状がどのようになっているかを知らねばならないし，事業開始後も政府から民間事業者に対して適切

な情報提供が行われ，適切な対話が行われることで，サービスレベルの向上が期待される。

　民間企業の間の取引の場合，企業会計ルールに基づいた財務情報等を基に情報開示がなされることで，事業の評価等が行われ，事業の譲渡のためのプロセスが進められるが，公的インフラは，現状，体系の異なる制度（公会計制度）に基づいている。

　公会計制度では，①現金収支に基づき取引及び事象を認識する現金主義が採用され，②記帳方式として，経済活動の取引を一面的に記録する単式簿記が採用されている（表11-1）。現金主義では，現金の出し入れのみが記録・報告対象となり，フローとストックの取引の関係性がつけられない。インフラ管理の視点から見れば，インフラ整備と維持管理が関連づけられて管理されていないことになる。更には③単年度予算主義が採用されており，複数年取引の継続性が軽視される結果となり，フローとストックの取引の関係性がつけられていない。また，④公会計では，財務諸表が存在せず，人件費や資本費については全く考慮されないこととなる。結果として，行政資産についての民間ベースでの原価の把握・比較が困難となる。インフラ資産の管理のためには，発生主義会計，複数年予算制度が求められることになる。

　さらに，資産管理の実態面ではどうであろうか。本来インフラ資産について

表11-1　公会計と企業会計の相違

	公会計制度	企業会計
認識基準	〈現金主義〉 認識・測定の時点：入金・支出のとき 測定の対象：現金のみ	〈発生主義〉 認識・測定の時点：取引及び事象の発生したとき 測定の対象：全経済資源
記帳方式	〈単式簿記〉 経済活動取引の一部を一面的に記録	〈複式簿記〉 経済活動取引を2つの側面から二重に記録

（出所）　石原［2007］。

は，法令に基づき，各インフラの管理者・設置者が各インフラ管理台帳（例：港湾台帳，空港土木施設台帳等）を作成することとなっているが，現状台帳の整備は十分ではないようだ。総務省行政評価局は，①施設を適切に維持管理するため，法令台帳等の整備を徹底すべきである，②施設の効率的かつ計画的な維持管理を行うため「維持管理情報のデータベース化」が要請されているが，システムへの維持管理情報の登録が不十分であったり，利用実績が無いなど適切に資産の現状が把握できる体制になっていない，③定期点検等の実施が不十分である，④長寿命化計画等の策定及びそれによる効果の把握・検証が不十分である，などの指摘を行っている（平成24年2月総務省行政評価局「社会資本の維持管理及び更新に関する行政評価・監視」〈調査結果に基づく勧告〉）。

　仮に現状，国や自治体の資産が上記のような管理状況であるとすれば，早急に本来あるべき情報整備が行われるべきであろう。目先，民間に移譲するか否かは別としても，今後見込まれるインフラ更新投資額把握のためにも最低限把握されねばならない情報であり，さらには民間に譲渡する場合にも，これらの情報がブラックボックスになっていたのであれば，市場による評価が困難となるからである。

　さて，本節のねらいは民間に移譲する場合にどのような情報開示が必要であるかを明らかにすることであるので，前述のような政府のルールから見たあるべき論は別として，ここでは「市場や民間事業者との対話」という観点から必要とされる情報について整理を行いたい。

　一方，目先の話として民間事業者の間の取引に必要される情報として，ここでは，①不動産取引の際に，対象不動産の状況把握に用いられるエンジニアリング・レポートと②M&A取引において売却される対象会社や事業について，投資銀行などの助けを得て作成されるインフォメーション・メモランダムについて例示する。

(1) エンジニアリング・レポート

　通常，不動産取引では「エンジニアリング・レポート」が作成され，対象不

動産の立地状況，管理状況，遵法性，建築物の仕上・構造，設備の劣化状況，耐震性能，有害物含有状況，土壌汚染などについての物的調査が第三者的見地から行われるほか，工学的観点から再調達価格，修繕費用（緊急修繕費用・短期修繕費用・中長期修繕費用），地震による損失額（地震PML）などの経済的要素について言及が行われる。

　エンジニアリング・レポートは，通常以下のもので構成されている[2]。
① 建物状況調査報告書
② 建物環境リスク調査報告書
③ 土壌汚染リスク調査報告書
④ 地震リスク評価報告書

　エンジニアリング・レポート自体は「抜き取り調査」という手法を取り，必ずしも全ての箇所についての調査を行うものではないものの，調査のベースは資産の現所有者（オリジネーター）から提出される資料である。前述の通り，現状の国のインフラ資産管理台帳には，一部不備のものもあるとの指摘もあり，早ければ2014年度には一部インフラ事業の民間への委託のための入札が行われることが予定されているなか，国においては優先順序を考慮しながら，早急な情報整備を行うことが求められる。これらの情報に不備がある，もしくは情報自体が存在しないのであれば，調査自体が行えず，これらにより推定される緊急・短期〜中長期の修繕更新費用，経済，社会的なリスクなどの正確な把握が困難となる。インフラの場合は建物や土地が中心の不動産とは異なり構築物であり，また，滑走路，道路など資産の安全性が問われる資産であることから，取引にあたり，資産の状況が把握できないのであれば，運営委託後に何らかの瑕疵が明らかになり，それが不十分な情報開示によるものであれば，安全性の担保は困難になる。

(2) インフォメーション・メモランダム

　インフォメーション・メモランダム（以下，「インフォ・メモ」）とはM&A案件等において，民間事業者が入札において意向表明書を提出するための判断

のために売り手側が提供する対象会社や事業に関する基礎的情報が網羅された資料である。

　入札のプロセスにおいては，インフォ・メモにより出された第1次入札の意向表明を受けて，第2次入札以降における更に詳細なデューデリジェンス(DD)のプロセスに入るが，民間事業者にとっては，先に進むかどうかの判断を行うための基本的な情報であり，またこれらの情報を基に，初歩的なValuation（事業評価）を行うことを考えれば，売り手側は丁寧に作成する必要がある。

　売り手側の心理としては，第1次入札においては情報を制限したいというインセンティブが働くが，市場との対話を行うという観点からは，市場が判断できるだけの必要十分な情報を提供することが重要である。不十分な情報開示では，買い手側が判断することができず，入札参加者が出てこなかったり，情報を提供できないことを以てリスクが高いと判断され，本来想定される価格よりもディスカウントした評価しか受けられず，案件自体が成立しなくなる可能性も生じる。

　ここで，参考までにインフォ・メモを例示する（表11-2）。紙面の関係上詳細の説明までは行わないが，インフォ・メモを準備するため，売り手は通常フィナンシャルアドバイザーと呼ばれる投資銀行（日本においては証券会社）等を雇って作成する。分量は本体と添付資料併せて数百ページに及ぶものもあり，事業全体の概要，過去の財務情報や事業計画，将来性に関する分析などが網羅的に記載されている。前述の通り，民間事業者，投資家による評価（Valuation）や入札参加の意思決定に資する内容が要求されており，単なる事業の概要に止まらず，マーケット（市場）環境，商流，競争，固定資産・設備の状況，過去の財務の状況，足許の状況（月次推移，四半期速報，予算の達成状況），将来の事業計画などについての詳細が記載されている。

　一方，民間事業者に対するインフラ事業売却と並ぶ民営化手段として，交通セクターにおいても広く行われている証券市場へのIPO（例：フラポート，AdPなど）においても，同様に詳細な開示が求められる。基本的に資本市場に関する情報開示規制については，各国の金融サービス関連法，証券取引法，証券取引所規則などにより定められており，例えば日本国内の場合には金融商品

表 11-2　A空港売却案件のインフォ・メモの項目例

項　目	内　容
エグゼキュティブ・サマリー	◆ 案件の背景・経緯 ◆ 事業の概要説明 ◆ 主要投資のサマリー ◆ インフラビジネスサマリー ◆ 事業戦略 ◆ 財務情報のサマリー
A空港会社の概要	◆ 事業の歴史 ◆ 空港の所在地 ◆ 2次交通 ◆ キャッチメントエリア
需要・キャパシティ分析	◆ 地域（多国間），国の航空動態の分析 ◆ 観光政策とその影響 ◆ 過去のA空港の交通分析 ◆ 旅客事業分析 ◆ ネットワークの分析 ◆ 航空会社の分析 ◆ 航空機の種類・ロードファクター ◆ 貨物事業の分析 ◆ プライベートジェットビジネスの分析
空港インフラの概要	◆ 空港のレイアウト ◆ 滑走路 ◆ エプロン ◆ 管制・空港保安施設 ◆ 航空機給油事業・GSE事業等の概要 ◆ その他付帯施設（除雪・消防等） ◆ ターミナル ◆ BHS（荷物ハンドリングシステム） ◆ その他重要施設（道路，駐車場他） ◆ オペレーション・パフォーマンス ◆ 投資プラン
ビジネスモデル	N.A.
航空サービス	◆ 航空事業関連サービス ◆ 航空関連収入 ◆ 将来航空関連収入の予測

非航空サービス	◆ 概　要 ◆ 商業事業 ◆ 不動産事業 ◆ 空港域外不動産事業 ◆ 付帯事業，ユーティリティ等収入 ◆ 将来非航空関連収入の予測
営業費用項目	◆ 概　要 ◆ 人件費 ◆ 営業費用削減の取組み ◆ 将来費用予測
財務関連情報	◆ 基礎・前提条件（会計方針等） ◆ 財務情報（実績） ◆ 財務情報（将来予測） ◆ 税　金
組織・マネジメント	◆ 現在のマネジメント体制 ◆ ステークホルダーとの関係 ◆ 係争等 ◆ 環境インパクト ◆ 保　険 ◆ 安全・衛生・環境等の課題への対応
事業関連規制等	◆ 政府の民営化方針 ◆ 政府の着陸料政策 ◆ グラハン関連規制 ◆ スロット配分 ◆ 旅客取扱施設利用料 ◆ 環境（騒音等）関連規制と対応
付　　録	◆ 各種参考資料

（注）　このインフォ・メモは架空案件の例示であり，各項目や内容はこの限りではない。
（出所）　実際のインフォ・メモ（複数案件）をベースに筆者作成。

取引法の有価証券報告書等の定めや各取引所の発行目論見書などの定めに従って情報開示が必要とされる。

　現状公的部門が保有するインフラ資産についての情報整備には，民営化後の民間事業者の努力は勿論であるが，元保有者の政府の協力も必要である。これらの情報開示は非常に詳細なものが要求され，大変な作業ではあるが，公的サ

ービスの長期安定供給を担保する観点からは望ましいものである．関係者のさらなる努力を望みたい．

11.4 政府によるリスク補完のあり方

　政府から民間事業者へインフラプロジェクトが委託されて，コンセッション事業が行われるが，事業期間は 30 年を超え，この間様々な影響を受けることとなる．事業開始時には影響を正確に想定できない不確実な事由により損失が発生する可能性をリスクと言い，PPP/PFI においては，リスクのコントロール，リスクの分担は大きなテーマとなる．インフラは事業である以上，そのサービス提供に伴い様々なリスクが存在する．それでは，なぜリスクの分担が大切なのだろうか．

　PPP/PFI においては，内閣府の「PFI 事業におけるリスク分担等に関するガイドライン（2001）」記載の通り，「プロジェクト関係者間においてリスクを最もよく管理することができる者が当該リスクを分担する」という原則が存在し，対象プロジェクトの特性に応じて適切なリスク分担を行うことが事業価値最大化につながる．PPP/PFI 先進国では，既にインフラへの「民間の知恵と資金の活用」の社会的合意ができており，上記に挙げたようなリスクの大まかの分担についての議論は少ないが，日本においてはインフラサービスは，伝統的に政府により供給される体制が続いていたが故に，今後個別の案件毎にどのような負担方法が合理的かについて，しっかりと整理を行うことが求められる．コンセッションで想定されているブラウンフィールド型インフラプロジェクトにおけるリスクを，次頁の表 11-3 に例示する．

　表 11-3 にあげられた多くのリスクについては，他国の PPP/PFI 案件においても例があり，官，民，地域におけるリスク分担についてある程度定石ができているので，日本のコンセッションにおいても，リスク分担についてさほどの議論は起こらないことが想定される．一方，自然災害リスクについては，日本は他国と比べてその規模も頻度も大きいという特殊事情を抱えており，自然

表11-3 インフラ事業のリスク（ブラウンフィールド型）

項　目	種　類	内　容
政治リスク	政治リスク	政権交代，政策方針転換・議会承認・財政破たん等のリスク
	法令リスク	関連法令の変更等のリスク
	許認可リスク	許認可の取得，遅延等に係るリスク
	税制リスク	新税や税率変更等税制の変更に係るリスク
	公共支援リスク	法律，協定，契約で定められた公的支援が反故にされるリスク
経済リスク	物価リスク	物価の上昇により運営費，更新費用等が増加するリスク
	金利リスク	市場金利の変動によるリスク
	為替リスク	急激に為替レートが変動するリスク
マーケットリスク	需要リスク	需要が予測を下回るリスク
	料金リスク	料金改定が予め合意した約定に従って行えないリスク
	競合リスク	プロジェクトと競合するインフラの設置が許可されることにより需要が落ち込むリスク
運営管理リスク	運営リスク	運営経費の上昇など運営・維持管理に関するリスク
社会リスク	住民問題リスク	事業実施や民営化に関する地域住民反対運動，訴訟に係るリスク
	環境問題リスク	事業実施に対する環境問題，訴訟に係るリスク
不可抗力リスク	自然災害リスク	大地震，津波などの自然災害に係るリスク
	戦争・暴動リスク	戦争・放射能・テロ・暴動などに起因するリスク
	火災等リスク	火災，風災，水害等に起因するリスク

（注）　ここに表示しているリスクは，必ずしも網羅的ではなく，各項目や内容はこの限りではない。
（出所）　実際のPFI案件リスク分担表（複数案件）をベースに筆者作成。

災害リスクの分担についても慎重な対応が必要となる。

　また，日本は，平均寿命，高齢者数，高齢化のスピードという三点において，世界一の高齢化社会という特殊要因も抱える社会であり，経済発展，人口増加

共に著しいアジア諸国や高成長とは言わずとも，引続き人口増を続ける OECD 諸国と比べて人口減のリスクを構造的に抱えており，需要リスクについても工夫が必要となる。以下においては，(1) 自然災害リスク，(2) 需要リスクについてそれぞれ分担の方法を検討することとしたい。

(1) 自然災害リスク

　自然災害リスクとは，暴風，豪雨，豪雪，洪水，高潮，地震，津波，噴火等によってインフラプロジェクトが破壊されたり，交通の運行が制限されることにより，損失が発生するリスクである。自然災害リスクは不可抗力リスクとも呼ばれ，基本的に「当事者の行為とは無関係に外部から生じる障害であり，通常必要と認められる注意や予防方法を尽くしてもなお防止し得ないもの」(PFI おけるリスク分担等に関するガイドライン参照) であるため，PPP/PFI 事業推進にとって大きな課題となる。とりわけ，日本は，火山国でもあり地震，津波，噴火等の災害が他国と比べて圧倒的に多いことに加え，台風の通り道であることから風水害の被害も大きい。記憶に新しいところでは，2007 年に宮崎県の高千穂鉄道が台風 14 号の被害を受けて廃止を余儀なくされた例があるが，自然災害が契機となって廃止された鉄道路線の事例は 28 件に上る (野澤和行 (運輸政策研究機構) の研究による)[3]。

　インフラ事業は公共性が高く，国民生活に不可欠とされることから自然災害により被災した場合の復旧につき，「災害復旧負担補助制度」は存在するものの，全く国庫負担補助がないか，あっても一部負担であり，実際に被災した場合には役に立たない。また，マーケットを活用した対応については，台風・洪水等については火災保険等が比較的合理的な価格で利用可能であることから，多くのインフラ事業において保険に加入している。一方，地震・津波をカバーする地震保険は，日本では個人の住宅向けについては政府の地震再保険特別会計が補完することで，合理的な価格での付保が可能となっているが，事業・法人向けの地震保険は再保険されないため，もしも日本の保険会社に付保を依頼したとしても，国際再保険市場にてカバーするしか方法がない。この場合，表

11-4 の示す通り，自然災害はほぼ日本と米国西海岸に集中していることから，日本向けの自然災害リスクの保険料は極めて高いものとなってしまう。結果としてインフラ事業者の地震保険への加入率も，野澤のアンケート調査によれば，JR・大手私鉄（22％），中小私鉄（5％），第三セクター鉄道（0％），空港ビル（13％）という結果である。

　PPP/PFI は，官と民と地域の間のパートナーシップであり，民の知恵と資金を活用することが趣旨である。しかしながら，これらインフラ事業の現状を見る限り，日本においては自然災害リスク，特に地震リスク等に関しての引受市場は実質上存在しておらず，保険によるリスクヘッジさえできない。民間事業者の行為とは全く無関係の自然リスクの発生により，当該民間事業者が打撃を受け，事業から退出せざるを得なくなるのは，PPP/PFI の趣旨からは外れており，政府による自然災害リスクの負担，もしくは個人の住宅向け同様な地震再保険制度の拡充が望まれる。

表 11-4　世界の大都市の自然災害リスク指数

東京・横浜	**710.0**	モスクワ	11.0
サンフランシスコ	167.0	シドニー	6.0
ロサンゼルス	100.0	サンチアゴ	4.9
大阪・神戸・京都	**92.0**	イスタンブール	4.8
ニューヨーク	42.0	ブエノスアイレス	4.2
香港	41.0	ヨハネスブルグ	3.9
ロンドン	30.0	ジャカルタ	3.6
パリ	25.0	シンガポール	3.5
シカゴ	20.0	サンパウロ	2.5
メキシコシティ	19.0	リオデジャネイロ	1.8
北京	15.0	カイロ	1.8
ソウル	15.0	デリー	1.5

（出所）　ミュンヘン再保険会社のアニュアル・レポートに基づき，内閣府作成。
（注）　リスク指数の数値は，危険発生の可能性，脆弱性，危険にさらされる経済価値の3つの要素から構成されており，各都市によりその割合に差があるが，これについては低幅の関係から割愛した。

例えば，11.2 にて紹介した政府による PPP 支援組織などが民間の保険会社とのパートナーシップ（場合によっては，国際的な再保険会社の参画も検討する）により再保険ファンドを設けて，PPP/PFI のみならず，インフラ事業一般の地震等リスクをカバーできることにすることで，日本のインフラ事業の自然災害による破綻リスクを低減することが可能となるであろう。

(2) 需要リスク

需要リスクは，通常マーケットリスクの一種と見なされ，PPP/PFI においても，民間事業者が負担するケースも多い。しかし，それは PPP/PFI 事業で検討されるインフラ事業の利用が比較的大きく，十分な収益が見込めるため民間事業者がリスクを分担することとされているに過ぎない。

空港や道路などのインフラ事業は事業ごとに巨額な固定設備への投資が必要であることから，損益分岐点（BEP：break-even point）を越えない限りにおいては収益は見込めない（図11-2）。例えば，離島航路等ライフラインの役割を果たすインフラにおいてはこのような考え方から，公の負担において運営が行われることとなる。

昨今のインフラ分野での新たな取り組みとしては，この2者の中間にあたる

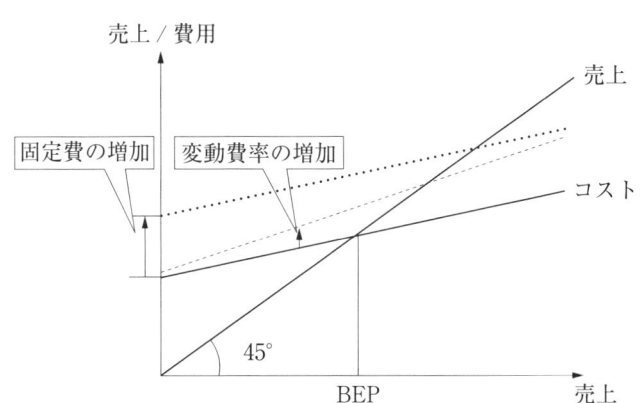

図 11-2　損益分岐点（BEP）

ケース，すなわち，一定の需要があるが官（もしくは地域）と民間でリスクを分担することで，双方のインセンティブを高めることができ，結果としてインフラの利用増につながる結果を得られる場合がある。

韓国やスペインなどのコンセッション制度による有料道路案件で，「最低収入保証制度（MRG：minimum revenue guarantee）」の事例（図11-3）が見られるほか，日本でも能登空港とANAの間で搭乗率保証制度が行われている。

搭乗率保証制度では，ANAの能登空港⇔羽田空港の2便運航を実現するために，地元がANAに事前に目標搭乗率を保証して，事業リスクの軽減を提案することから始まった。もしも，目標搭乗率を下回った場合には，地元がANAに保証金を支払い，上回った場合には逆にANAが地元に販売促進協力金を支払うというスキームになっている。MRGにおいても，能登空港の搭乗率保証制度においてもインフラ側と地元が，リスクを分担することから始まったが，特に能登空港の搭乗率保証制度の運用においては，地元が販売促進協力金を支払わないで済むだけではなく，搭乗率目標達成に対して積極的に協力するという，地元のインセンティブを活用した制度となっている。能登空港は2013年で，開港10周年になるが，目標搭乗率は開港以来，東日本大震災の影

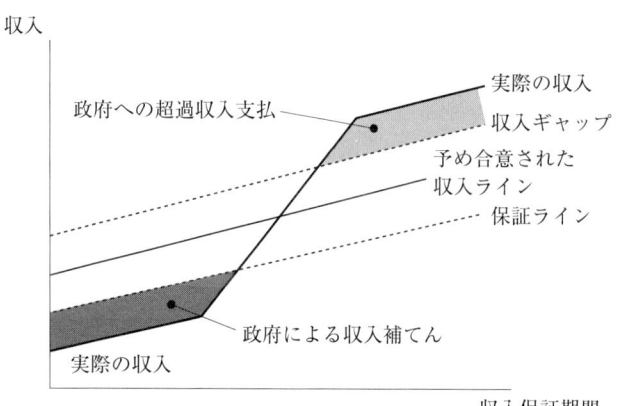

図11-3　最低収入保証制度

（出所）　MKIF投資家説明会資料。

響で搭乗率保証制度の適用から外れた8年目を除きいずれも達成されている。

　地域は，形式上は航空会社と相対し，本来航空会社が全て負っていた需要リスクを分担するスキームになっているが，本スキームの導入により地域には需要が落ち込むことで支払が生じるのを避けるために，地域活性化を行うという努力が行われることとなった。図11-1（183頁）で示した「コンセッションと三位一体」の通り，地元は地元経済活性化を通じて民間事業者によるインフラ運営を支え，国は規制の見直しを行うことで，民間事業者が事業を行いやすくする。本制度により，民間事業者（この場合は航空会社），地域の双方に同時に利用者増加のためのインセンティブが働いたことは重要である。成長戦略の目玉としてインフラを位置づけるのであれば，国や地域はこれらの事例に倣い，事業価値を上げるような規制の見直し，リスク分担等を行うことで，PPP/PFIによるインフラプロジェクトを支えることでWWW（Win-Win-Win）関係を生み出すことが重要である。

（注）
1)　PFI法は正式には「民間資金等の活用による公共施設等の整備等の促進に関する法律」（平成11年7月30日法律第117号）をいう。
2)　国土交通省土地建設産業局HP情報などから筆者作成。
3)　野澤ほか〔2010〕。

結　び
―鍵となるエキスパート育成―

　本書では，少子高齢化による人口減少，グローバル競争の激化，ファイナンスの多様化という環境変化のもとで，空港や道路を中心とした交通インフラに関して，経済成長のエンジンとしてどのように改革し，活性化させていくかについて整理することを試みた。

　わが国では戦後，政府主導で整備されてきたインフラは，高度経済成長期に大きな役割を果たしてきた。経済成長の結果，不足する投資資金を確保して，経済の骨格となるインフラ投資に優先的に資金を配分することで，全国に一定水準のインフラが整備され，人やモノの移動のボトルネックを解消することができた。それはひいては，国全体の生産性を上げ，継続的に高い成長率を維持することにつながり，生産性の改善と経済成長の相乗効果によって正のスパイラルが実現した。この時代は，インフラに関して言えば，政府主導による政策誘導がうまく機能していたとの評価ができる。

　特に交通インフラについては，全国規模での空港整備の他，高速道路と新幹線の建設によって，国民の利便性は急速に向上した。飛行機や新幹線の利用により，国内での移動時間は大幅に短縮され，港湾や道路網についても，全国レベルで整備されてきたので，物流の大量輸送が実現された。しかし，1973年秋の石油危機を契機として高度経済成長は終わり，1990年代のバブル経済崩壊により，安定成長期も終了した。経済のボトルネックや，生産性向上という条件から必要とされたインフラへの投資は，高度経済成長時代の終焉とともに，縮小されるのが自然な流れとなった。

　失われた20年においては，むしろインフラ投資は「景気対策」のための財政政策の発動という姿に変容した。特に，小渕政権下では乗数効果を主目的とする公共事業への大規模支出が行われることとなった。マクロ経済レベルでの乗数効果については一定程度の景気浮揚効果があるとしても，個々の事業で見た場合には，インフラサービスの付加価値や経済全体の生産性向上を伴わない。

現実には，事業性の低いプロジェクトが生み出される結果を招くことになった。

　高度経済成長時代を経て，国民生活の安全性・利便性が一定レベル以上に達し，わが国が成熟国化する過程で，結果として価値観も多様化してきた。したがって，政府と国民，政府とインフラ事業の関係も再検討が迫られているのではないか，というのが本書での問題意識である。従来，政府が整備してきたインフラ事業ではあるが，人口減少という社会環境の変化に加え，東日本大震災後の様々な制約条件がある中で，どのような手法に基づき安定的にサービスが提供されるべきなのかということに焦点が移ってきた。

　わが国では，2010年以降「成長戦略」が打ち出され，11年6月にはPFI法が12年ぶりに大幅に改正され，新たな制度の枠組みが整えられた。「公共施設等運営権制度」，「民間事業者による料金の直接収受」などの新しいコンセプトが導入され，同改正に伴うガイドラインの見直しにより，これまで認められていなかった「株式譲渡」が可能となり，世界中の機関投資家も参画できるグローバル水準のPPP・PFI制度が整えられたことは注目に値する。

　2013年6月の民間資金等活用事業推進会議では「PPP/PFIの抜本改革に向けたアクションプラン」が決定され，「空港，上下水道，有料道路等を中心にコンセッションを活用して，サービスの向上や公共施設を活用した新しい価値を生み出す」ことを目指し，「インフラ投資市場の育成」，「事業の掘り起こし」等を含む14の「具体的取組」が示された。一方，現時点で具体的に検討が行われる案件数はさほど多くなく，一部検討が始まった案件についても実際の民間による運営開始は15年度以降になる。

　制度はできあがっていても，現実の案件形成につながらなければ「絵に描いた餅」である。わが国の交通インフラに民間資金や民間の知恵を導入するために必要なのは，インフラ事業への民間活用の国民的なコンセンサスの形成，ならびに既存の枠組みに捉われない柔軟な発想による，民間の力を最大限に引き出す制度設計である。インフラ事業のPPP・PFIは，従来公共セクターで行われてきた事業の目標を確認した上で，個別業種で役割分担を明確化し，事業価値を向上することが求められている。

アベノミクスの成長戦略において，「民間の知恵と資金」が重要な役割を果たすことが期待されている。従来の公的主体による管理に代わり適切な民間主体が経営に関与することで，地域の公的インフラの生産性を改善し，今後，国からの地方への補助に頼る受動的な姿勢から脱却することにより，地域の強みを活かしたインフラ運営が可能になる。特に，交通インフラ分野は国内外からの旅客を惹きつけることで，地域の成長に大きく貢献する。

　従来，政府により供給されてきたインフラが民間の手に委ねられれば，全国一律的なインフラサービスから，地域の実情に合わせて付加価値が高く，きめの細かいサービスが提供されることになる。成熟国家に相応しい多様な価値観を反映して，官が運営するインフラにはない新しい価値を生み出す可能性がある。都市を中心にインフラの生産性が上がることで，国民はより一層多くの選択肢を得て，豊かな生活を謳歌することができる。結果として，国全体の生産性も向上することになる。

　では，そのような成果を得るために，現在，最も優先しなければならないことは何であろうか。これまでに述べてきた通り，交通インフラ事業は地域の将来の姿に直結する性格を持つため，個々の地域や案件の実情に合わせて，既存の制度や関係組織の制約を緩め，どれだけ柔軟に運営できる体制を整えられるかが鍵となる。

　高度経済成長のもとでの効果的なインフラ整備には，全国一律型の制度，関係組織によるアプローチが行われてきたことは周知の通りである。それは復興期における新興国に適した，全国一律の規制による「規格大量生産」型の制度であり，組織形態であった。インフラ管理のために公社や公団などが国・地方自治体を中心に組織され，一律の制度のもとで補助金供与，事業の監督が行われてきた。そこでは地域の実情よりも，いかに国の一律の制度に合わせるかが重視された。許認可や予算が優先的に得られるかどうか，事業の成績や利用者に対するサービスの質よりも，既存のルールがいかに守られているかが重要と考えられた。高度経済成長の時代であり，サービスの巧拙も事業の継続性に大きく影響を与えることもなく，投資が行われるにあたって，必要な事業性評価

についても厳密なものが要求されてこなかった。したがって，政府の描く事前シナリオやルールの範囲内での運用で十分であり，それでも辻褄を合わせることが可能であった。

2010年代の日本が目指すインフラPPP・PFIは，上記のような高度経済成長時代とは一線を画し，むしろ事業者自身の内なるエンジンにより，地域を成長させ，国全体の成長戦略の実現に寄与するものであるべきと考えられた。PPP・PFI関連制度については，前述の通り，ある程度，新しい枠組みができたとしても，その他の財政面，個別事業法などにおいて，従来と変わらぬ規定を残したままでは，結局そのような規定がボトルネックとなり前進できないことになる。

民間による新しいビジネスモデルがうまく機能するためには，従来のような「静態的」，「硬直的」な制度では対応不可能であり，事業環境の変化に柔軟に適応し，むしろ先回りして民間事業者が動きやすいような制度の調整を可能とする体制が必要となる。そのためには，制度設計を行う立法，行政側にも高度なノウハウが求められることになるが，現在の行政制度のもとでは，その実現が難しい。というのは，依然として公務員の短期間での人事異動が一般的であり，また官庁組織も専門的なノウハウを蓄積し，高度な専門能力を持つ人材を許容する組織になっていないからである。この点については，行政組織そのもののあり方が成熟国型に進化する必要があるが，官民ハイブリッド型の組織をうまく活用するような選択肢もあるだろう。新たなインフラPPP・PFIの枠組み設計においては，民間側のみならず，立法，行政，そして地方も含めた総合的な組織の見直しが必要である。

新しい枠組みを機能させるために，組織と制度のあり方を見直すことが必要であることは言うまでもないが，同様に重要なのは，インフラPPP・PFIの各現場における人材の育成である。コンセッションの枠組みがスタートし，意欲的かつノウハウを持つ事業者がインフラ事業へ参入することにより，「仕事のやり方」も変わり始める。今まで，ほぼ国や自治体により運営されてきたインフラ事業の現場は，民間の経営に変わることで徐々に意識の変化が起こり，より顧客志向になっていくであろう。従来，官の立場で働いていた者も，民間

の新しい経営理念に触れることで刺激を受け，潜在的に持っていた各種の技能を開花させることになれば，利用者にとってはより満足度の高いサービスを受けることが可能になり，結果としてそのインフラ事業は地域経済にとっても事業の成長を通じて貢献することになる。

　従来，インフラの現場においては，高度経済成長型のモデルのもとで，各職員の業務も細かく区分され，自らの専門分野以外の業務については理解することが求められてこなかった。これは行政組織だけとは限らないが，各種技術者は自らの専門である土木，建築，電気，機械，計画などの分野ごとに細分化され，他の工学分野についてはもちろんのこと，財務や法務，経済などについても関知してこなかった。結果として起こったのが，自らの「ムラ」という狭い視野からのインフラの運用である。総合的な判断が欠如しているために，サービスの受け手である利用者や地域にとって不要なスペックのインフラ施設が建設され，事業の採算を度外視した技術が備えられた事例も多い。

　わが国では，伝統的に理工系人材は大学から自らの専門分野を極め，研究室の推薦により就業していく場合もあり，専門分野以外に視野を広げるような教育が推奨されてこなかった。高度経済成長時代には，そのような細分化されたスタッフィングの弊害もあまり目立たなかったが，インフラのPPP・PFIという新たな枠組みの下では，従来の専門分野に留まらず，工学，経営，財務，会計，法務，観光，都市計画などの幅広い知見の融合化が求められる。もちろん当座は，コンセッションや民営化の導入が進んだ現場でのOJTなどを通じての人材育成が中心となるであろうが，多くの案件が成立するに伴い，官・民・地域などの各現場の人材育成を後押しするために，エキスパート養成の仕組みが不可欠である。

　J-REITは2001年からスタートし，既に12年の市場実績があるが，不動産証券化にかかわる人材育成の仕組みとして，不動産証券化協会（ARES）が不動産証券化協会認定マスター資格制度を運営している。不動産証券化に必要な知識やスキルを体系的に習得できる教育プログラムとして，2006年からスタートし，14年6月現在で5,700名が資格認定を受けている。各種調査，継続教

育を行うことで，現場の人材育成に貢献している仕組みは，幅広く専門的なノウハウを必要とされるインフラにおいても同様に，市場発展の観点から類似の人材育成の仕組みの整備が望まれる。

さらには，一歩進めてインフラ関係の講座を持つ大学や大学院などにおいても，従来の工学や金融といった狭い分野のみならず，総合的にインフラ PPP・PFI に関する学際領域を専門とする人材の輩出が期待されている。他国で蓄積された知見や経験と，わが国の高い技術力や創造力とを組み合わせることで，付加価値の高いインフラサービスを産み出せるので，将来のエキスパート養成が極めて重要と考えられる。

逆説的ではあるが，わが国は民営化・規制緩和の後発国であるからこそ，他国の手法や成果を学べる有利な立場にある。インフラ関係者，特に発注者となる地方自治体や制度設計を行う政府はそれらの経験を活かしながら，民間企業が最も力を発揮できるような仕組みを築くことが求められる。単に海外の制度を模倣して形式だけ整えることで終わらせることなく，コンセッションなどの PPP・PFI を通して，実現したい目標や優先順位を再確認し，民間事業者にどのような価値を創出させるかを熟慮した上で，確実に実行していくべきである。

参考文献

愛知県［2007］「旧桃花台線について」。〈http://www.pref.aichi.jp/0000006608.html〉
赤井伸郎［2010］『交通インフラとガバナンスの経済学』有斐閣。
ANA ホールディングス株式会社［2013］「AirAsia Berhad との共同事業の解消について」。
石田哲也［2009］「ファンドを活用したインフラ整備の方式―韓国のインフラファンドとそれを支える PPI システム―」『リアルオプションと戦略』（日本リアルオプション学会）第 3 号。
石田哲也［2012a］「交通社会資本整備・運営におけるインフラファンドの可能性」『運輸と経済』第 72 巻 第 1 号。
石田哲也［2012b］「新時代の空港経営を考える―海外民間空港経営事例を参考に―」『KANSAI 空港レビュー』No.400。
石田哲也［2013a］「インフラファンドが PFI を変える」『週刊金融財政事情』7 月 1 日号。
石田哲也［2013b］「三菱商事のインフラ金融事業への取り組み」『月刊企業年金』12 月号。
石田哲也［2014］「日本のインフラファンド市場発展のための課題と展望」『証券アナリストジャーナル』第 52 巻 第 2 号。
石原繭実［2007］「地方公共団体における公会計制度改革の動向―情報提供の充実と財政運営の効率化に向けて―」『立法と調査』No.271。
出井信夫［2006］「第三セクターの概念と定義」『新潟産業大学経済学部紀要』第 30 号。
関西空港調査会［2012］『平成 23 年度空港経営研究会報告書』。
関西空港調査会［2013］『平成 24 年度空港経営研究会報告書』。
関西空港調査会［2014］『平成 25 年度空港と地域研究会報告書』。
関西学院大学産業研究所・産経新聞大阪本社編［2012］『アジアとつながる関西経済』関西学院大学出版会。
関西学院大学産業研究所編［2014］『航空競争と空港民営化 アビエーション・ビジネスの最前線』関西学院大学出版会。
空港運営のあり方に関する検討会［2011］「空港経営改革の実現に向けて」。
栗田匡相・野村宗訓・鷲尾友春編著［2014］『日本の国際開発援助事業』日本評論社。
公的・準公的資金の運用・リスク管理等の高度化等に関する有識者会議［2013］『報告書』。
国土交通省「民間の能力を活用した国管理空港等の運営等に関する法律案について」。〈http://www.mlit.go.jp/common/000996148.pdf〉

国土交通省成長戦略会議［2010］『国土交通省成長戦略』。
首相官邸［2010］「『新成長戦略』について」（閣議決定），6月18日。
　　〈http://www.kantei.go.jp/jp/sinseichousenryaku/sinseichou01.pdf〉
総務省行政評価局［2012］『社会資本の維持管理及び更新に関する行政評価・監視結果報告書』。
総務省自治財政局公営企業課［2013］『第三セクター等の状況に関する調査結果』12月。
田中利幸［2010］「公共事業をめぐる最近の動向と今後の課題─社会資本整備はどうあるべきか─」『立法と調査』No.300。
中部圏社会経済研究所［2012］『訪日外国人旅行者向け「観光品質基準」に関する調査研究報告書』。
桃花台線インフラ利活用懇談会［2009］『桃花台線インフラ利活用検討報告書』。
桃花台線のありかた検討会［2005］『桃花台線のあり方に関する提言』。
東京証券取引所［2013］「上場インフラ市場研究会報告─我が国における上場インフラ市場の創設に向けて─」。
内閣府［2012］「民間資金等の活用による公共施設等の整備等に関する事業の実施に関する基本方針の策定について」（閣議決定），3月27日。
　　〈http://www8.cao.go.jp/pfi/20120327kakugikettei.pdf〉
内閣府政策統括官（経済社会システム担当）［2012］『不動産・インフラ投資市場活性化方策に関する有識者会議報告書』。
内閣府民間資金等活用事業推進室［2011］「PFI法改正法に関する説明会」。
　　〈http://www8.cao.go.jp/pfi/setumeikaisiryou/setumeikaisiryou.pdf〉
内閣府民間資金等活用事業推進室［2013］「PPP/PFIの抜本改革に向けたアクションプラン」。
日本政策投資銀行・日本経済研究所［2013］『地域のビジネスとして発展するインバウンド観光─日本型DMOによる「マーケティング」と「観光品質向上」に向けて─』。
根本祐二［2011］『朽ちるインフラ』日本経済新聞出版社。
年金シニアプラン総合研究機構［2013］『インフラ投資に関する調査研究報告書』。
野澤和行ほか［2010］「交通施設の災害復旧に対するリスクマネジメントと公的負担制度に関する研究」（第102回 運輸政策コロキウム）『運輸政策研究』Vol.13, No.3。
野村総合研究所・福田隆之・谷山智彦・竹端克利［2010］『入門インフラファンド』東洋経済新報社。
野村宗訓［1993］『民営化政策と市場経済』税務経理協会。
野村宗訓［1998］『イギリス公益事業の構造改革』税務経理協会。
野村宗訓・切通堅太郎［2010］『航空グローバル化と空港ビジネス─LCC時代の政策と戦略─』同文舘出版。
野村宗訓［2011］「イギリス空港会社の複数一括経営─所有状況の特徴と欧州展開の実態を中心として─」『運輸と経済』第71巻 第4号。

野村宗訓［2012］「北欧における空港民営化の進展―PPP（官民連携）に基づく改革の意義―」『公営企業』第 44 巻　第 7 号。

野村宗訓編著［2012］『新しい空港経営の可能性―LCC の求める空港とは―』関西学院大学出版会。

野村宗訓［2013］「英国における空港再編成の進展―複数一括経営のもとでの競争創出―」『KANSAI 空港レビュー』No.413。

福島隆則・根本貴弘［2012］「我が国におけるコンセッション方式の導入についての考察」『ARES 不動産証券化ジャーナル』Vol. 08.

福嶋博之［2005］「役割終えた NTT 株式売却益活用事業」『経済のプリズム』（参議院事務局企画調整室）第 10 号。

福田隆之・黒石匡昭・赤羽貴・日本政策投資銀行 PFI チーム［2011］『改正 PFI 法解説―法改正でこう変わる』東洋経済新報社。

プライスウォーターハウスクーパース株式会社［2011］『諸外国における PFI・PPP 手法（コンセッション方式）に関する調査報告書』。

益田勝也・村岡洋成・小林一幸［2010］「空港ビジネスの海外展開における日本の戦略のあり方」『知的資産創造』7 月号。

森川高行［2010］『道路は、だれのものか』ダイヤモンド社。

山本哲三・野村宗訓編［2013］『規制改革 30 講』中央経済社。

abertis, *2012 Annual Report*.
Abertis Infraestructuras S.A., *Corporate Social Responsibility Report 12*.
Airbus [2013], *Global Market Forecast 2013-2032*.
Avinor [2010], *Annual report of the board 2009*.
Civil Aviation Administration [2003], *Annual report of the CAA 2002*.
Copenhagen Airports A/S [2011], *Group Annual Report 2010*.
Copenhagen Airports A/S [2013], *Group Annual Report 2012*.
Department of Defense [2005], *Converting Military Airfields to Civil Airports*.
easyJet, *Annual report and accounts 2012*.
Finavia [2011], *Finavia's Air Traffic Statistics 2010*.
Finavia [2012], *Finavia's Air Traffic Statistics 2011*.
Finnair [2011], *Financial Report 2010*.
Graham, A. [2008], *Managing Airports*, 3rd ed., Butterworth-Heinemann.（中条潮・塩谷さやか訳『空港経営　民営化と国際化』中央経済社。）
Graham, A., S. Saito and M. Nomura [2014], 'Airport management in Japan: Any lessons learnt from the UK?', *Journal of Airport Management*, Vol.8 No.3.（forthcoming）
HOCHTIEF [2013a], *2012 Annual Report*.
HOCHTIEF [2013b], *HOCHTIEF sells airports business to pension fund manager*.

HOCHTIEF AirPort, *Annual Review 2012*.
HOCHTIEF AirPort Capital [2007], *Company profile*.
HOCHTIEF Concessions [2010], *Business field Airports*.
Hong Kong Link 2004 Limited [2004], *Prospectus*.
　〈http://www.hklink2004.com.hk/eng/prospectus/download/retail_prospectus.pdf〉
London Luton Airport Operations Limited [2012], *Revised Masterplan document; Consultation prior to submission of planning application London's local airport*.
London Stansted Airport Consultative Committee [2012], *Airport Management Report*.
Ryanair, *Full Year Results 2012*.
Swedavia [2012], *Annual Report 2011*.
Swedish Transport Agency [2012], *Aviation Trends*.
The LFV Group [2010], *Annual Report 2009*.
VINCI, *2010 Annual Report*.
VINCI, *1st Quarter 2013 Update*.
VINCI, *2013 Essentials*.
VINCI, *2013 first-half results*.
VINCI Concessions, *Activity Report 2011*.
Webb, A. and S. Matthews [2013], 'Hochtief Sells Airports Unit to PSP Investments in Revamp', Bloomberg, 8th May.
　〈http://www.bloomberg.com/news/2013-05-07/hochtief-sells-airports-unit-to-psp-investments-for-2-billion.html〉

産業ファンド投資法人ホームページ 〈http://www.iif-reit.com/〉
福岡地域戦略推進協議会ホームページ 〈http://www.fukuoka-dc.jpn.com/〉
雪国観光圏推進協議会ホームページ 〈http://snow-country.jp/〉
Global Infrastructure Partners ホームページ 〈http://global-infra.com/index.Php〉
Macquarie Korea Infrastructure Fund ホームページ
　〈http://www.macquarie.com/mgl/mkif/kr/〉
Ontario Municipal Employees Retirement System ホームページ
　〈http://www.omers.com/index.aspx〉

〈付記〉
＊第4章「インフラファンド活用への期待」は、上記の石田哲也［2014］「日本のインフラファンド市場発展のための課題と展望」『証券アナリストジャーナル』第52巻 第2号をベースに加筆修正したものである。
＊第8章「欧米の空港経営から学ぶ」の第2節「8.2 北欧におけるPPPの展開」は、上記の野村宗訓［2012］「北欧における空港民営化の進展—PPP（官民連携）に基づく改革の意義—」『公営企業』第44巻 第7号をベースに加筆修正したものである。

《著者紹介》

石田　哲也（いしだ　てつや）

　三菱商事株式会社　産業金融事業本部　インフラ金融事業部　担当部長
　（事業開発担当）
　国土交通省観光庁　通訳案内士（英語部門・中国語部門）登録，不動産
　証券化協会認定マスター

　1964 年　東京都生まれ
　1989 年　慶應義塾大学経済学部卒業
　1989 年　日本輸出入銀行入行
　1998 年　米国ペンシルバニア大学経営大学院（ウォートン校）MBA
　　　　　外資系金融機関等での勤務を経て
　2010 年　三菱商事株式会社　産業金融事業本部

　専門分野：インフラファンド，インフラ投資，官民連携
　主要業績：「アジア航空大競争時代と三位一体による空港経営」『産研
　　　　　論集』（関西学院大学産業研究所）第 40 号，2013 年。
　　　　　「交通社会資本整備・運営におけるインフラファンドの可能
　　　　　性」『運輸と経済』第 72 巻　第 1 号，2013 年。
　　　　　「日本のインフラファンド市場発展のための課題と展望」『証
　　　　　券アナリストジャーナル』2014 年 2 月号。

野村　宗訓（のむら　むねのり）

　関西学院大学　経済学部　教授
　博士（経済学）

　1958 年　兵庫県生まれ
　1981 年　関西学院大学経済学部卒業
　1986 年　関西学院大学大学院経済学研究科博士課程修了
　1986 年　名古屋学院大学経済学部講師
　1992 年　大阪産業大学経済学部助教授
　1998 年　関西学院大学経済学部教授
　1999 年 3 月，2000 年 2 月　仏リール科学技術大学客員教授
　2010 年 4 月～2012 年 3 月　関西学院大学産業研究所所長

　専門分野：産業経済学，規制経済論，公益企業論
　主要業績：『航空グローバル化と空港ビジネス』同文舘出版, 2010 年。（共著）
　　　　　『新しい空港経営の可能性』関西学院大学出版会, 2012 年。（編著）
　　　　　『規制改革 30 講』中央経済社，2013 年。（共編著）

平成26年8月20日　初版発行　　　　《検印省略》
　　　　　　　　　　　　　　　　　略称：交通インフラ

官民連携による交通インフラ改革
―PFI・PPPで拡がる新たなビジネス領域―

　　著　者　ⓒ　石　田　哲　也
　　　　　　　　野　村　宗　訓

　　発行者　　　中　島　治　久

　　発行所　　同文舘出版株式会社
東京都千代田区神田神保町1-41　〒101-0051
電話　営業 (03)3294-1801　編集 (03)3294-1803
振替 00100-8-42935　http://www.dobunkan.co.jp

Printed in Japan 2014　　　印刷：萩原印刷
　　　　　　　　　　　　　　　製本：萩原印刷

ISBN 978-4-495-38401-2

JCOPY 〈(社) 出版者著作権管理機構 委託出版物〉
本書の無断複写は著作権法上での例外を除き禁じられています。複写される場合は，そのつど事前に，(社) 出版者著作権管理機構（電話 03-3513-6969, FAX 03-3513-6979, e-mail: info@jcopy.or.jp）の許諾を得てください。